小池龍之

しない生活

煩悩を静める108のお稽古

GS
幻冬舎新書
339

しない生活／目次

第一章　つながりすぎない　13

第三章 言い訳しない 101

第四章 せかさない 149

第五章 比べない

第一章
つながりすぎない

①入ってくる情報が増えれば増えるほど心は乱れる

本書は「心を保つお稽古」という題で新聞に連載してきたエッセイを、一冊にまとめたものです。「心を保つお稽古」と題をつけてみた、ということは、心は放っておくと乱れるものだということでもあります。

自分にとってちょっと気にくわない芸能人がテレビに出ているのを見た瞬間、心にはイライラの雑音が生まれるでしょうし、友人に送ったメールの返信が思ったより遅いというだけで不安の雑音が散らかるかもしれませんね。そう、心は、ほんのちょっとしたきっかけさえあれば、怒ったり後悔したり、不安になったり迷ったり、妬《ねた》んだり、自慢して偉そうになったり、自分から進んで乱れていこうとしてしまいます。いやはや。

これらの乱れた心理状態は仏道では煩悩と名付けられておりますが、その特徴は、情報量を増やすことと言えそうな気がしています。先ほどの例で申せば、「メールの返信が遅い」という現実の情報に対して、「自分は嫌われているのでは」とか「まだ返事をくれないなんて失礼だ」などというよけいな情報を新たに脳内で付け加えている。こうした情報が増えれば増えるほど、心は乱れるのですけれども、あいにく人間の脳は、「情報の量は多ければ多いほど、生き延びるために役立つ」という発想で設計されてしまっているのです。ゆえに、無駄な、自分を悩ませる情報ですら、好んで集めて心を乱してしまいます。

私が実践してきた仏道とは、このように乱れる心を丁寧に解剖してみせる心理学でもある、と思っております。それを道具として、いろいろな煩悩から我が身を守る、心を保つお稽古をつけてまいりましょう。

②相手を屈服させて自分の価値を実感するという愚かしさ

この項からはしばらく、プライドという煩悩から心を守るお稽古をしてみましょう。

私たちの心はささいなきっかけがあれば、よけいな情報を頭の中でこねくり回してしまうもの、と申しました。プライドが傷つくきっかけも、ほんのささいなことでよいのです。たとえば恋愛や夫婦関係において二人で一緒に何かをしようとするとき、誘うのはいつも自分のほうからで相手からは誘ってくれないとなると、愛されているのか不安になりがちでしょう。背後ではプライドが傷ついているのです。

職場でアドバイスしたのに従わない後輩を「ダメな人間だ」と怒るにしても、その背後では「この後輩にとって私の価値は、助言に従おうと思ってもらえない程度の低さなのか……」と、プライドが傷ついている。

これらの例では、相手から誘ってもらえたり、助言に従ってもらえたりするほど、自分の価値＝魅力＝力が強いのだと実感できるからこそ、そうでない現実に心が乱れるのです。自分の力を示したい、というプライドの煩悩が強すぎるほど、私たちはちょっとしたことで傷つき、怒るハメになります。

実は、今の世にあふれるモンスター・ペアレンツもクレーマーも、ネット上にたくさんある匿名での悪口も、相手をボコボコに叩いて屈服させることによって「自分は価値＝力がある」と錯覚したいというプライドが原因だと思われます。

学校や企業や有名人へのクレームは、される側は失うものが多いため、ほんのちょっとした過ちでも「すみません、不手際でした」と屈服せざるをえないですからね。必ず勝てるのが決まった、つまらない戦いなのです。そんなひきょうな戦いを挑みたくなるほど心が惨めになる前に、自分の価値をつり上げたくてしょうがない愚かさに、ハッと気づいてあげましょう。

③「あなたのため」と言うときの本心は「自分のため」

「子どものためを思って『あなたのためだよ』と注意しているのに、反発して言うことを聞いてくれない」。子育て中のかたから、こんな悩みを聞くことはよくあることです。

ご本人は「子どものため」と思っているのでしょう。けれども、本人も気づいていないだけで、「自分のため」なのです。よくよく胸のうちを点検すれば、「子どもを成長させてあげたい」という利他的な思いの背後に利己的な煩悩が隠れているのが見えてくることでしょう。「言う通りにしないと、自分がイライラする」と。

子どもは敏感ですから、親が「言うことを聞かせ支配したい」という欲を隠しつつ、「お前のため」と取り繕っているのだと見抜くのです。その嘘は本能的に不快なものなので反発されてしまう。

本当の動機を隠した「偽善」は、煩悩のなかでも、相手に不信感を抱かせて関係をギクシャクさせるのに抜群の効果があると申せましょう。こんな偽善をやめるヒントを、『無頼伝　涯《がい》』（福本伸行・講談社）という少年漫画に探ってみます。主人公の少年・涯は無実の罪で陥れられ、殺人犯として逮捕されます。ある警官が無実だと気づき助けようとするのですが、少年は警官の恩着せがましい言い方に偽善を見抜き、断るのです。

ところが警官が「いい人」のそぶりをやめ、自分にはギャンブルのせいで背負った借金があることと、あくまで真犯人暴露が自分の借金返済につながるんだということを告白してようやく、「利益があるのなら裏切らないだろう」と、協力関係が生じる。

そう、「いい人」をやめて、「あなたが片付けないとイライラしてしまうから、私のため、に片付けてくれない？」と自分の利益を正直に伝えるところから、信頼関係が築けるのかもしれません。

④「いい人」をやめ、嫌なことは素直に断る

「あ、いいよ、いつでも手伝うよ」

「ええ、ぜひ、あなたの展覧会が始まったら見にゆきます。ぜひぜひ」

いやはや、こういった「安請け合い」をうっかりしてしまうとき、私たちの心の奥に響いている声は、「本当はしたくないんだけどね」というものであります。

そういった場合、本当に手伝いを頼まれたり、展覧会に誘われたりしたとき、困ってしまいますよね。「今は忙しくて、本当は行きたいけれど……」なんて、嘘をついて断る人もいるでしょう。もしくは、断ることができずに、嫌々ながら引き受けて「あーあ……」と後悔する、なんていうことも、筆者にはときどきあります。

共通していますのは「嫌な人間だと思われたくない」という煩悩。すなわち、無意識に「いい人」を演出しようとしてしまう。「いい人」を演じてしまうからこそ、嘘をつ

いてまで相手に媚《こ》びつつ断ったり、嫌なのに引き受けたりするのです。

そもそも、どうして「安請け合い」をしたくなってしまうのかと申せば、本気で実行する気はなくても、とりあえず「いい印象」を与えることができるからでしょう。「いい人」の自己イメージを印象づけることで、他者から好意を持たれたい、という煩悩は、多かれ少なかれ、誰もが持っています。

けれども、「行きたいなんて本当は思ってもいないくせに、言葉の軽い人だ」と見抜く人には、むしろ負のイメージと苦痛を与えます。さらに、嘘をつくことは自分の心をモヤモヤさせますし、かといって断れずに引き受けても苦しいもの。

「いい人」をやめて、思い切って素直に断るのが、互いの心の衛生にとって良いこともあるのです。

⑤「どちらが得か」を迷うのは心にとっての損

たかだか待ち合わせ場所ひとつ決めるだけでも、心が迷いに乱されますと、なかなか決められなくなるもので、私も優柔不断なままに「どこがいいかなぁ」なんて考え、ふっと気づくと十五分くらい経っていた、なんてことがあるものです、トホホー。

たとえば、こんな具合。「前回は自分が遠出したので、今度はこちらに来てほしい」「いや待てよ、来てもらうと、おもてなししなければならず、気疲れするから、両者の中間にしよう」「でも、中間の駅周辺に落ち着ける店を知らない。センスのないやつだと思われたらどうしよう」「じゃあ、やっぱり来てもらおう」「いや……」。

このように複数の思考で心が混乱する理由は、私たちが「どの選択肢がより得か」を、計算したがる欲望にあります。けれども問題なのは、こうして考えを堂々めぐりさせるとき、私たちは精神（と時間）を消耗して疲れてしまうということです。

つまり、「どちらが得か」で迷うこと自体、心にとっては損だと申せましょう。迷うのは疲れることだと、うっすらなりとも知っているからこそ、私たちは無尽蔵に選択肢が増えるのを嫌うのではないでしょうか。たとえば、ある商品の風味を十何種類も用意して選べるよりも、二、三種類からさっと決められるほうが人気が出る、というような事例もあるようです。

とは申しましても、優柔不断な私たちは、うっかり迷いに入り込んでしまうもの。そんなとき思い出すとよいのは、迷っているからには、いずれかの選択肢が決定的に優れているわけではないということです。つまり「より得なほう」を選べても、実はたいした差ではない。

「ちっぽけな得を求めて、ケチな欲望に心乱れる卑小な自分なのだなあ」。そう気づいて、「得」じゃなくてもよいからさっと決めてしまいましょう。

⑥ 他人の心のブレに対して寛容になる

前項で、優柔不断の原因は「少しでも、より得をしたい」という欲望にあると申しました。

世の中を見回しますと、「こっちが良いと思ったけれど、批判されるのは損だから、あっちに変えよう」と、すぐに言葉をひるがえす政治家は、さらに叩かれています。

あるいは、恋人に「今週末は一緒に旅行に行きたいから空けておいてね」と誘っておきながら、その日、他にもっとしたいことができて土壇場でキャンセルなんていうのは、恋人を傷つけ怒らせます。

以前は「Aのほうがよりお得」だと思っていたけれど、今度は「Bのほうがよりお得」だと思いクルッとひるがえす……。それが信頼できなさを醸し出すのは確かです。

けれども他方で、まるで鬼の首を取ったかのごとく「またブレた」「嘘つき！」とバッシングする昨今の風潮は、私の目にはいったい何様のつもりだろう、とも映ります。

こうして他者のブレを叩きたくなるのは、その政治家の「どちらが得だろう?」という迷いの煩悩に対して、怒りがわきあがってくるからでしょう。

けれども問題は、人間というものはボコボコにバッシングされて目を覚まし、改善できるような器用な生き物ではない、ということです。非難されて苦しくなったぶんだけ、さらに心はより楽なほうを求めてウロウロ、右往左往するものです。

なおかつ、他人のブレを許せない狭い心の私たちは、「またブレた」と怒り、心をかき乱すハメになる。「他人の心なんて諸行無常、ブレるなんて当たり前」と思えば寛容になれます。すると自らの心も守れるうえに、相手を(ブレる政治家も)長い目で見守ってあげることにもなるでしょう。

⑦「私をわかって」と欲するほどわかってもらえなくなる

ある市民講座で仏教の講義をおこなった折に、「誰もが自分のことを他人にわかってもらいたがり、承認されたがる煩悩を持っている」という話をしたことがあります。

講義後の質疑応答の時間に、聴講していた男性から次のような質問が出ました。

「自分は小さい頃から父にも母にも承認してもらいたくなんてなかったし、誰に対しても自分のことをわかってほしいという甘えなどはありません。それについて、どう思われますか？」と。

この発言は、よく考えれば可愛らしい内容になっています。「自分は甘えのない人間だ」ということを、その場にいる人々にわかってもらいたい、という甘えが、くっきりと浮かび上がっているのですから。

ことほどさように、「自分のことをわかってほしいッ」という欲望は、人間にとって根深いものであることが、おわかりいただけることでしょう。

確かに人間にとって、自分のことを都合よく他者にわかってもらえることは、自分が受け入れられた心地になり、安心感をもたらすことでしょう。

けれども皮肉なことに、「私のこと、わかって」という煩悩が強ければ強いほど、自己主張が強くなり口数も多くなり、相手を疲れさせます。そのうえ、相手が「それって、こういうこと？」と聞いてきても、きっちり完璧に理解してもらわないと気が済まないために「いや、そうじゃなくて」などと否定することになり、さらに相手を不快にさせてしまいます。うう……、私も気をつけているわりに、ときどき「いや、そうじゃなくて」をぶつけてしまい、人様を閉口させてしまいます。

その結果、おやまあ、わかってもらえるどころか煙たがられますよね。「わかってよ」をやめて口数を減らすほうが、かえって聞きたくなってもらえるものなのです。

⑧ ネットに満ちる「つながりたい」は、「わかってほしい」煩悩

インターネットを通じて「人とつながりたい」という気持ちの裏にも、「自分をわかって」という煩悩はまぎれ込みます。

ネット上では日記や片言のつぶやきから、匿名掲示板での他者への批判、悪口、陰口にいたるまで、膨大な量の言葉が吐き散らかされていますよね。

それらの書き言葉が昔の個人的な日記と決定的に異なりますのは、他人に見てもらいたいという衝動が働いていること。自分の日記や片言が見られることを通じて、「自分ってこんな人なんだよ」とわかってもらおうと、誰もが実は寂しくあがいているのです。

たとえば、「今日の私の誕生日は、友だちが赤坂のホテルでお祝いをしてくれてフレンチでした」と、みんなからもらったプレゼントの写真つきで、なぜに書きたくなるのか。それは「みんなから祝ってもらえたりプレゼントをもらえたりして、こんなに大事

にされるステキな私なんだって、わかってほしいよ」という思いからなのです。

匿名掲示板での悪口も、自分の書いた悪口を多くの人たちが見てくれていて反応してくれることを通じて、「自分は上手に他人を批判できる」ということをわからせようとしているものです。ゆえに、誰も反応せず、誰も見てくれなければやる気を失うことでしょう。

かくして現代社会を覆いつくすかに見える、超巨大な電脳空間は、「自分のことをわかって」という孤独な言葉へと翻訳できる文字たちに満ち満ちております。

かつて、古き良き時代の日記は他人の目を退《しりぞ》けていたがゆえに、自分の孤独へと立ち返ってホッと一息つける心の避難所でありえました。それを他人の目にさらすことで、「わかってよー」と心を乱すものへと変えてしまうのは、控えめにしたいものですね。

⑨「前も言ったけど」の裏メッセージは「私を尊重して」

「前も言ったんだけどさあ」「何度言ったらわかるの」

この手のセリフの裏にひそんでいて、ひそかに心をかき乱しているのも、実は「私を見て、わかってよ」という煩悩です。

たとえば、自分の子どもがうるさく騒ぐのを叱ったとしましょう。「仕事をしているのに、うるさい！　次にうるさくしたら本当に怒るからね」。

にもかかわらず翌日もギャーギャー騒ぐと、たいていの親は前回よりさらにイライラするものです。その原因は、実は子どもへの甘えです。「自分はあなたにうるさくしないでほしい人間なんだと、あなたがわかって尊重してくれるなら、静かにしてくれるはずだ」という。

つまり、相手が自分の気持ちをわかって尊重してくれようとしていないと感じるがゆえに、腹が立つ。そこで飛び出すセリフが「何度言ったら、わかってくれるのッ」なのです。

そんな怒りに心乱れそうになったなら、こう自省してみるといい。「あれまあ、私ときたら子どもも相手に『私のこと、もっと見て』なんて甘えてるんだなあ。子どもにはそんなこと、わからないだろうに」と。

別のケースも考えてみましょう。パートナーに対して「前も言ったけど、遅刻するときは事前にメールくらいしてよ」なんて言いたくなるとき。「自分はメールしてくれないとイライラする人だっていうこと、わかったうえで尊重してね」という裏メッセージを出しているのです。

けれども怒って伝えるせいで逆効果、相手とケンカになります。まずは「私ってば赤ちゃんみたいに尊重されたがっているんだなあ。寂しいんだな、私」と己の姿に気づいて心を静めたいものですね。

⑩すぐにメールの返信がなくてもイライラしない

別れる別れないでもめているカップルの男性が、やり直したいと書いたメールを送ったが一向に返事が来ない。やきもきした彼は待ちきれずに、さらにメールを送ってしまう。「前のメールを読んでくれているなら、返事くらいください」なんてせかすせいで、よけいに彼女から嫌われますのに。

こんな見苦しい催促行為へと私たちを駆り立てる煩悩は何なのか、分析してみましょう。それは「私は労力を払って連絡したのだから、相手はその労力をいたわって返事を返すべきだ。でなければ、私だけが一方的に労を払うことになり不公平である」といった思考です。

つまり、ものごとは公平に、釣り合いが取れてなきゃ気が済まない、という強迫観念がつきまとっているのです。この強迫観念につけられた名前こそまさに「正義

(justice) 感」という煩悩に他なりません。その語幹「just」は天秤《てんびん》の釣り合いであることからも、人の脳は釣り合いの取れなさに不協和を感じてイライラするものなのだということが、よくわかりますね。

すると、自分の連絡にすぐ返事がないとイライラするのも、ストーカーが「自分が愛しているのだから相手も愛してくれてないとおかしい」と妄想するのも、天秤は釣り合いが取れているべきだという「正義感」ゆえ、と申せましょう。

自分が「これが当然なのに」と思い込んでいることは、単に脳が天秤の不協和にイライラしているだけだと、ハッと気づくこと。学校で習った「公平さ」という甘い妄想を捨て、この世は、不公平なのが当たり前だという厳然たる事実に目を開いてみる。

それにより「返事はくれるのが公平だ」という正義の妄想を離れれば、ゆったり気長に「待つ能力」が育ちます。待つ力は、自分を優美にしてくれるうえに相手もせかされず考えられるので、互いのためになるのです。

⑪ 正義の怒り、その正体は相手への復讐心

正義感というのも煩悩のひとつと前項で記しましたが、もう少し考察を進めてみましょう。

友だちが自分を裏切ることによって利益を得て、社会的に成功したと想定してみます。もしも、その友だちがその後、不祥事で大失敗したと知れば、「せいせいした、いい気味だ」と感じることでしょう。裏を返せば、私たちは自分が受けたダメージを、相手も同じかより大きく受けていないとバランスが取れない、という正義感ゆえにイラついているのです。

別の例を挙げてみますと、他人に「どうしてあなたはそんな簡単なこともわからないの」と不快な言葉をぶつけられたとします。すると私たちの脳内では「自分がダメージを受けているのに相手にダメージが返っていないのはバランスが取れない」という正義

感が生じます。

もしもその相手が家族のような気やすい関係なら、おそらく即座にバランスを取るべく、反射的に不快な言葉を返したくなるでしょう。「あなたこそ、どうしてそんな嫌な言い方しかできないの？」なんて。

けれども、もしその相手が会社の上司や目上の人なら、口答えはできませんので我慢するでしょう。では我慢したから大丈夫かと申せばそうではなく、私たちの心のなかでは何度も何度も怒りがこだまします。「くそ、あんな嫌な言い方をしやがって、今に見ていろよ」などと。これは現実で復讐《ふくしゅう》して「正義」を実現できない代わりに、バーチャルに脳内で相手を叩き続けることによって、天秤の釣り合いを取ろうとしているのです。

その「正義」の怒りゆえに己がコチコチになっているのに気づけば、脳の「仕返し」システムから自由になれるのです。

⑫正義感をふりかざしても醜悪な小悪人になるだけ

「正義」というものの危険性を考えるとき、インターネット上で日々ブチまけられている、大量の攻撃的な言葉が役に立ちそうです。ただし反面教師として。

政治家や芸能人らのちょっとした失言や問題が露見しますと、しばしばネット上では「祭り」と呼ばれる大騒ぎとなり、皆が寄ってたかって、有名人をボコボコにバッシングするようです。多いときには、数万件もの発言が一挙に連鎖してゆくそうですね。

たとえば、「こんなやつに生きる資格なんてない。死ね」ですとか、「こんなことを言う人だったなんて知りませんでした。実はクズだったんですね」などといった具合に、本人を目の前にしていたら、決して口にできないであろうようなキツイ言葉が連発される。

こうして口汚くののしることができるのは、「自分は悪い人間を追いつめる、正しい側に立っているのだ！」という大義名分が得られるからでしょう。が、これは直接に被害を受けたわけでもない赤の他人が大量に集まって、たった一人を叩き続けるという、イジメ行為です。とはいえ、イジメをしてスカッと憂さ晴らしをしたくても、何の落ち度もない人を攻撃して自分が悪者になるのは、嫌。

ゆえに、「悪」を見つけると、正義の使者となったつもりになれるだけに、イジメの快感へのストッパーが外れてしまうのです。しかしながら、そんなむなしい快感は一瞬のことで、後にはクサクサした気分が残るのみ。ここから、「正義感ゆえにかえって醜悪な小悪人になってしまうのだなあ」という反面教師的な教訓を引き出して、心を汚す言葉からは離れたいものですね。

⑬「間違いは悪いもの」という罠から抜け出す

私たちが他人に「正しさ」を押しつけそうになるとき、多かれ少なかれモヤモヤやイライラがつきまとっています。

この項は自戒も込めて、筆者自身を例に取ってみることにいたしましょう。近しい友人が口癖のように、「おもむろに」という言葉を使うのですが、どうやらその意味を、「突然に」とか「あからさまに」という意味で用いているようなのです。

筆者は、「『徐に《おもむろ》』とは、『ゆっくりと』という意味なのだから反対だよねえ」とはじめの頃は思ったものでした。そしてわざわざ「徐に、は『徐々に』の『徐』だからね、ゆっくりってことなんだよ」などと説明すらしたものでした。

けれども友人は「へー、そうなんだ」とうなずいた後も、やはり「えー!? そんな、おもむろな！」などと口にして、用法を変える気配はまったくありません。

そのとき心の中に「せっかく教えたのにまだ間違っている」という思考とともに、ちょっとしたモヤモヤが生じているのに気づきました。「だから、それ間違っているよ」などと言いたくなりそうな心持ちを見守っていますと、この心の中に「間違いは悪いものだ」という固定観念が巣くっているのです。

いわば、脳の神経細胞のつながり上、「AとBがつながっている」という形で回路が生じると、A＝Cという情報が入ってくることで、神経回路が攪乱《かくらん》されて苦痛が生じるのでしょう。

この神経回路の罠《わな》にはまると私たちは「自分は正しい、他人は間違っている」とモヤモヤしてしまい、新しい情報を楽しめませんよね。そう気づき、「『おもむろに』をそんなふうに使うのも斬新だよね」と楽しんでしまうことにしたのであります。

⑭ クサクサした気分のときこそ優しくふるまう

私たちは自分で自覚しているよりも頻繁に、「私は正しい、あなたは間違っている」式の押しつけをしてしまっているもの。「正しさ」ゆえに自分も相手も苦しくさせてしまう仕組みを前項まで分析してきました。

とは申しましても、私たち人間とは知恵のない生き物でありまして、わかっているつもりでも、ついうっかり相手を否定してしまい、気まずくなってしまうこともあるものです。

たとえば、パートナーの悩みを聞いてあげているはずだったのに、「そうだよ、前から思っていたんだけれど君はそこを直さなきゃダメだよ」などと言ってしまう。これは相手が弱っているのにつけ込んで「間違っていたのはあなた。ゆえに私は正しいのだっ」と勝ち誇っているのです。

相手はきっと、受け止めてもらえず「正しさ」を押しつけられたと感じ、何とはなしに鼻白んだ具合になることでしょう。

こうして空気感が硬直すると互いに居心地が悪くなり、優しい言葉や柔らかい表情や温かい行動ができなくなりますよね。いやはや、ここでの問題は、いったん表情やふるまいを硬くすると、心は「自分の表情やふるまいが硬い、ということは、目の前にいる相手は味方ではない」といった風情の計算をしてしまうこと。つまり、「不機嫌」↓「体の不快な変化」↓「その不快を読み取った心が、さらに不機嫌に」、という悪循環が生じます。

悪循環を断つには、クサクサした気分を乗り越えて、相手に優しくしてあげましょう。たとえば「温かいココアでもいかが」とそっと淹《い》れてあげれば、心が「自分が良いことをしてあげている。ならばその相手は味方に違いない」と安らぎます。

こういった意味で、優しい行動は相手の心を和らげる以前に、自らの心を和らげてくれるのです。

⑮ 自分の優先順位が低いことに腹を立てるのは恥ずかしい

一カ月も前からの約束を「『ごめん、今日宅配便が来るから』と反故《ほご》にされた」。漫画家の久米田康治さんが、「僕なんかとの約束なんてどうでもいいですよ」と、自虐的に漫画の巻末エッセイに書いておられたのを、面白く拝読いたしました。

本項では、会う約束をキャンセルされたとき、心がチクッとする仕組みを、考えてみましょう。

実は筆者も約束をキャンセルされたときに、まさに「荷物を待ってなきゃいけないから」と言われたことがあったのを思い起こしました。そのとき、心に「ええ!? そんな理由でっ」という納得できなさと不満が生じていたものです。

その納得できなさを分析してみますと「宅配便より自分の優先順位が低いなんて許せない」という、プライドの煩悩のしわざであることがわかります。

では、キャンセルの理由が、急に大事な仕事が入ったから、ではいかがでしょうか。「自分は仕事より優先順位が下」ということが不快ではありましても、「仕事なら仕方ないよね」という人が、多いことでしょう。けれども、自分を優先してほしいプライドの煩悩が強いと、「仕事より自分が下」という不等式にも耐えられず、イライラしてしまうことでしょう。

それらのイライラの背景にあるのは、こんな幼稚な思念です。「うわーん、我が輩は宅配便や仕事なんかより、はるかに価値ある存在のはずなのに」と。そんなセリフ、恥ずかしくて言えませんよね。その恥ずかしさを自覚すれば、ハッと目が覚めて不満も静まる。宅配便を優先されてすら不満を静められれば、上級者と申せましょう。いやはや、私はまだ上級者にはなれないようです。

⑯ 自分が隠している情けない感情を認めてやると楽になる

前項で記した通り、会う約束を急にキャンセルされて、しかもその理由が「宅配便を待つため」といった小さなことだった場合、多くの人が腹を立てるものです。

そうして腹を立てるときには、心の中には相手を非難する思考がうずまくでしょう。「そんなことで直前にキャンセルするなんて非常識な人だ」と。

けれども、その人前に出しやすいもっともらしい思考の裏には、人から隠したくなるような、恥ずかしい思考がひそんでいます。「自分はそんなちっぽけな用事なんかより優先して、尊重されないと気が済まないよう、うわーん」という。

裏にひそんだ真の思考の恥ずかしさに気づいてやると心が静まると、前項で記しました。ここで考察してみたいのは、私たちがいつの間に、恥ずかしい思考を自分にすら隠して、もっともらしい思考の仮面をかぶせるようになるのか、ということ。

「尊重されたいよ、うわーん」という思考は、小さな頃に誰もが繰り返していたはずですが、それは親や周りからたいてい、否定されたりバカにされたりしてきたはずです。「もう○年生でしょ」などと言われて。

そうして否定される感情は無意識に隠されるようになり、代わりに私たちは皆が認めてくれやすそうな感情を仮面としてかぶるようになるのでしょう。「非常識な人だっ」と道徳的な理由をくっつけて怒れば、大義名分がつくうえに、少なくとも勇ましい印象になる分、肯定的な自己イメージがつくれますから。

引き換えに、「本当は泣きたいのに怒る」とか「つらいのに元気だと思い込む」といった具合に、自分の本心が自覚しづらくなっていき、心の回路が狂ってゆきます。反対に、裏に隠れた情けない感情を認めてあげるなら、楽になれるのです。

⑰ 優しくされた相手に攻撃心を持ち続けることはできない

互いの仲がピリピリしかけたときに、あえて「温かいココアでもいかが?」と優しい行動に出てみると、相手以前に自分の心が和らぐ。そう前に、記しました。

「優しくしてあげている」という行動と「ピリピリする」という心理は協和しませんので、脳の情報処理を混乱させます。混乱を嫌う心は、優しくした事実は変えようがないため、感情のほうを強引に合わせようとします。実際に和らいだ気持ちになることによって、行動と心理が協和するように書き換えてしまうのです。

「優しくしてあげた」という事実が心に印象づけられてすぐのうちは、互いにまだぎこちないかもしれません。けれども無意識に影響を受けて少しずつ、拗《す》ねた気持ちが強制的に消えてゆくことでしょう。

優しくされた側も、たとえ最初は「放っといてよ」と拗ねてみたところで、拗ね続けるのは難しいものです。なぜなら「優しくされた」という事実と「敵とみなす」という心理も協和せず、脳に混乱をもたらしますから。

子どもの頃、親に対して拗ねて「いらないってばっ」と言いたくなったのは、プライドを守る煩悩ゆえでした。「優しくされたくらいで仲直りしてしまうのは、買収されたみたいで格好悪い」と。ただ、どんなに頑《かたく》なに、主観的には徹底抗戦するつもりでも、脳が情報を協和させたがる作用の強さには勝てず、いつの間にか心は和らぎ、「ごめんね」と言うタイミングをはかっているものです。

行動も言葉も、「優しくした」とか「攻撃した」とかに応じて、まず自分の感情を変える強制力を持っている。ならば、行動と言葉を、もっと慎重に吟味したくなるでしょう？

⑱相手に不快な声と表情で注意すると自分も不快になる

私たちの心は、自分の体がおこなうことや口がしゃべる内容に影響を受けて変化する、とこれまで記してまいりました。たとえば、腹が立つという心の変化ゆえに体の一部である表情筋がひきつったなら、その「体の変化」を心は読み取って、「緊張している……ということはイライラすべきですね」といった具合に、さらに不快になりストレスがたまる、と。

この、いわば「体↓心」のブーメラン効果ゆえに、上司や親が、目下の人を注意しなければならないのは、損な役回りだと思われます。

なぜなら「ここが汚いので、きれいにしておくように」と不快な気分で注意するだけでも、言う前よりも言った後のほうが不快指数が高まるのですから。①汚いのが不快↓②嫌な表情と声で注意↓③「ということは、相手は味方ではない」と脳が錯覚して緊張

↓④さらに居心地が悪くなる、というブーメラン。

このように、一度言ったことや体の変化は、いつも次の心理状態に波紋を投げかける力を持っていて、その力のことを仏教では業《カルマ》と呼ぶのです。

ですから部下や子どもに注意せねばならないとき、なるべく悪しき業《カルマ》のブーメランを受けぬよう、表情も声も言葉の内容も、温和で相手を気遣った伝えかたを心得たいものですね。

その観点からは、女の子たちがやたらとプレゼント交換をしたがる理由も、わかる気がいたします。

女の子たちの人間関係はややもすると、ドロドロした敵対関係に陥ってしまいやすいがゆえにこそ、「贈り物を贈与しあっている↓味方だからストレス緩和!」と、小さな善業を重ねたくなるのでしょうね。

⑲ わざと敵をつくる脳の過剰防衛反応に振り回されない

「この人は、敵か、味方か」。思うに私たちの脳は、いつも目の前の人間を敵か味方かに仕分けようとしています。それも、かなり大雑把に。

その仕分けが大雑把であるという証拠をいくつか思いつくままに挙げてみましょう。

たとえば、女性が恋人に「きょうは肌の調子が悪いみたいだね」と心配してもらっているのに、何となく不機嫌になるとき。それは、「自分のマイナス面を指摘する相手は敵かもしれない」という、脳の過剰防衛反応と申せましょう。

あるいは、何かしら親切を申し出たのだけれど相手が遠慮して断ったのを受けて、何となく居心地が悪くなるとき。「気持ちだけありがたくいただきます」と言われて、まるで拒絶されたような気分になり不機嫌になるなら、「親切を受け取らない相手は敵なのかも」という無意識的な判断ゆえのことと思われます。

ことほどさように、人の脳は「別にそこで居心地悪くならなくてもいいじゃない」という場面で、わざわざありもしない「敵」を見いだしてストレスを感じるように設計されているのです。人も動物のひとつとして、「敵」を察知して身を守るための仕組みが、あいにく発達しすぎているのでありましょう。

このことを肝に銘じておき、不快になりかけても「脳が敵と錯覚しているだけ。錯覚しているだけ」と念じて、平静さをスッと取り戻したいものです。

また反対に、本当は警戒するべき下心を持って近づいてくるセールスの人が、親切にしてくれたり、「社長」「先生」と言ってくれたりしたために気を許しかけても、脳が、自分に都合のよい感覚を与えてくれる相手を、味方と仕分けしようとしているだけだと、突き放した認識を保つ余裕がほしいものです。「脳が味方と錯覚しているだけさ」と受け流し平静さを保つことが時に必要でありましょう。

⑳ 認めてほしい気持ちが強すぎるからスムーズに話せない

一見楽しそうに目の前でしゃべり続けている人を、一気に不愉快な気分へと突き落とすのに、特に嫌な言葉をかける必要はありません。

ただたんに、私たちがそわそわと時計を見るそぶりをしてみたり、気がなさそうにあくびをしながらよそ見をしてみたり、あるいは携帯電話をお持ちの方であればメールをチェックし始めたり……。

たったそれだけのことで、相手の中にはなんともえたいの知れぬ落ち着かなさが生じ、スムーズに話せなくなるものです。相手から「聞いてない」というシグナルを受け取ると、私たちは突如として「うう……」とギクシャクして話しにくくなる。

「自分の存在が相手に聞き取られ、承認されている」という安心感がないと、まともに話もできないほど、案外私たちはみんな臆病者なのです。

思うにそれゆえにこそ、「人と話すときは、相手の目を見て話す」「相づちを打つ」「うなずく」などが、礼儀として暗黙のルールになっているのでしょう。いやはや、私たち臆病者同士の相互安全保障として。

ものわかったインタビュアーが著名人の話を聞き出そうとする際、やや大げさなほど「なるほど！」「うんうん」と相づちを打つのも相手の承認欲＝自己愛を満たさないと不快にさせてしまい、話を聞き出せないことを知っているからです。

この承認を求める自己愛ゆえに、私たちは他人に相談に乗ってもらうときすら、本心ではたいてい「何も意見は言わず、うんうんとうなずいてほしい」と思っているもの。せっかく意見をもらっても「受け止めてもらえなかったッ」と不快になりがちなのはそのためです。その背後にある臆病さを治すすべを、次項から探ってまいりましょう。

㉑ 自分の心の声を自分で聞き取ってやれば心は静まる

自分の話を無条件に受け止めてもらいたい承認欲求が強すぎて、みんな相手の話なんて聞きたくなく、自分の話ばかり聞いてもらいたがっている……。

前項に記しましたのは現代社会のそんな惨状でした。でも、それでは相手をただ「うんうん、そっかー」と相づちを打ってくれさえすればよい応答機械へとおとしめるようなもの。

それでは、ひたすら話を聞かされる側は、その「利用される感」にイライラして、徐々に心が離れてしまうでしょう。

では、グチや相談を聞かせたいにせよ自慢話を聞かせたいにせよ、なぜ私たちは、かくも他人に、言葉を受け取ってもらい承認されたがるのでしょうか。それは、自分の声が、自分によって聞いてもらえていないからです。いわば、自分が自分とつながれていなくて寂しいがゆえに、必死に他人に聞いてもらおうとしている、ということ。

たとえば、「お店の人が注文を間違えていたのに、指摘しても謝りもしてくれなくて」とグチりたくなるとき。望んでいるのは「そっかー、ひどいよね、かわいそうだったね」と受け入れてもらうこと。けれども、特に他人から受け止めてもらわずとも、「謝ってくれないのが悔しかったんだね」と自分が自分を受け止めてあげているなら、もうそれで大丈夫なのです。

悲しいときは、「○○で悲しいんだね」と心に呟《つぶや》いて自分の声を聞き取ってあげ、腹が立つときは、「○○で腹が立っているんだね」と聞き取ってやる。

こうして自分の心の声を、まずは自分が聞き取ろうとすること。それが仏教のもっとも大事な修行でもあり、そうして自分に聞き取ってもらえた感情は、ホッとして静まりゆくのです。

第二章　イライラしない

㉒自分は何に怒りっぽいのかをチェックしてみる

ガチャン。椅子を倒してしまう子ども。反射的に怒りがわいてきて、キツい声で叱りつける母親。典型的には「また、そんなこともちゃんとできないんだからッ！　危ないでしょう、いいかげんにして！」などと。

思い通りにゆかぬ子育てにイラつく世のお母様が、こうして子どもの「できなさ」に対して怒りをぶつけがちです。

けれども考えてみますと、「できなさ」を怒られることほど、全存在を否定された気分になり萎縮してしまうことは、なかなかありません。たとえば我が欲に目がくらんでお菓子を盗んだとか、優秀な友だちへの妬みからイジメてしまったとか、自分の欲望や悪意に対して怒られるというのでしたら、怒られるのも、納得できましょう。

対して、うっかり忘れ物が多いことや、計画性が乏しいことや、要領が悪いことや、のろのろしていることなどなど……、悪意のない愚かさについて怒られると、それらはなかなか改善しようもないだけに、ただ自分そのものを攻撃されているように感じて苦しいものです。

それは、子どもがそのように「感じてしまう」だけでなく、実際に、親から子への攻撃になっているのが現実です。なぜなら子どもの愚かさを自分の思い通りに支配して変えたい、という支配欲が、子どもの愚かさに直面するたびに打ち砕かれ、怒りへと変わるのですから。

この例をヒントに、我が怒りの沸点をチェックしてみることもできましょう。もしも身近な人の無能さや要領の悪さといった、「無知」の煩悩が許せないなら、怒りっぽさの沸点が、富士山頂のお湯なみ（気圧が低いので、低温で沸騰する）に低すぎるのです。身近な者の無能さは笑って許せても、彼らの悪意は許せないというのなら、平均的な沸点といったところでしょう。

㉓悪意のない愚かさに怒っても疲れるだけ

怒りの沸点が低すぎて、他人の悪意のない失敗に対してまでいちいちイライラする人は、すぐにわき立って心乱れると、前項で記しました。

このことはつまり、他人の欠点に対して、敏感になりすぎていることを意味しているでしょう。欠点とは「煩悩」を言い換えてみたのでありまして、私たちが怒るとき、通常は、相手の強欲さ（欲望）、攻撃性（怒り）、愚かさや無能さ（無知迷妄）という煩悩を察知して腹を立てているのです。

ここで、愚かさという心のこんがらがりゆえに、結果としてうっかり失敗してしまったり失礼をはたらいてしまったりした場合でも、その背後に強欲さや攻撃性の動機がなければ、「それなら仕方ないよね」とする態度が、よくあります。それは、あくまでも心情における動機を重視して結果は責めない、ということで、「心情倫理」などとも呼ばれますね。

それに対して動機が悪いものでなくとも、とにかく結果として失敗したなら責められるべきだという姿勢は、「責任倫理」と呼ばれるものに近づきます。

ここではどちらが正しいということを述べるつもりはなく、単に責任倫理的に他人を裁く心は乱れやすく、苦しいだろう、と述べるにとどめましょう。つまり、悪意はなく単に愚かさや無能さゆえに失敗してしまった我が子や部下に対し、怒りがわいてきて許せない気分になるなら、怒るきっかけがあまりにも多すぎて、心やすまるひまがない。なにせ人間とは失敗する生き物なのですから。

筆者は幸か不幸か、昔からボーッとしたところがあり、ものを落としたりなくしたり、予定の日を間違えたりして怒られる側なのですが、「愚かさに怒っても疲れるだけ」と心得て許してもらいたいものです（にっこり）。

㉔厄介な暗号、「しなくていい」は「してほしい」

「いいからいいから、してくれなくても。大変でしょう?」

この手の、一見すると遠慮しているように聞こえるセリフは、私たちを解くことのできぬ、不気味な謎へと直面させるものです。つまり、本当に「しなくていい」のか、あるいは「それを押してまでも、『いや、やってあげるよ』というくらいの気持ちを求めている」のか、という、なぞなぞ。

いやはや、たいていは「じゃあ、やめとこうね」と答えると相手が不機嫌になってしまうことから、「しなくていい」というのは嘘で、本当は「してほしい」という暗号だったことが判明するのですけれども。

その典型パターンをいくつか並べてみましょう。パートナーに言う「忙しいなら、行くのやめてもいいよ」(暗号=忙しくとも、私のためになら「いや、ぜひ一緒に行きたい」と誘い返してくるべきだ！）。

あるいは子が親に「もういいよっ。いらないもん」（暗号＝「いらない」と言っても、買ってあげるって言うなら、仕方ない、もらってあげよう！）。

あるいは恋人の携帯電話が鳴ったときに「メール届いたね。見なくていいの？」（暗号＝自分との時間を優先する態度を示すべく、「後でいいんだ」と言ってほしいの！）。

いやはや、挙げればキリもないほどに、世の中はこの手の暗号に満ちており、読み取り損ねると相手の機嫌を斜めにしてしまうのですから、怖いもの。くわばらくわばら、ですねぇ。

裏を返しますと、私たち自身も知らず知らずのうちに、この手の暗号を発してしまい、相手に解読《デコード》してもらえず、ご機嫌斜めになってしまうこともあるのではないでしょうか。回りくどい暗号化《エンコード》をしたくなる「読み取ってよ！」の煩悩を静めて、率直《シンプル》に伝えたいものですね。

㉕「もういいよ」のひと言にひそむ、相手を困らせたい幼児性

「君たちがそんなにやる気がないならいいよ。わかった、もうこのプロジェクトに、君たちは参加しなくていいから」。こんな風情に上司が怒っている場合、「はい、では参加をとりやめます」という対応は当然不正解で、さらに怒らせてしまいます。

上司にとっての正解は「いいえ、やる気はあります。もう一度だけチャンスをくださ い」という具合の返事。「参加しなくていいから」という突き放しは、「ぜひ参加させてください」と相手をへりくだらせるための暗号なのです。

この手の「もういいよ」というセリフは深読みされることを期待して発せられる。回りくどい暗号で他者を従属させようとする思考は、子どもっぽく感じられるものです。

こういった暗号が癖になってしまう原因は、幼少時に「もういいよ」と拗ねたら、親や友だちが困って甘やかしてくれたという記憶が、業《カルマ》として刷り込まれたからでしょう。

このように見てみますと、「自分は情けない暗号なんて口にしない」と思い込んでいる、ぱっと見は立派そうな紳士であれ誰しもが案外、回りくどい暗号で他者を困らせる幼児性を隠し持っているのがわかるでしょう。

暗号を解読させて「いいえ、やらせてください」と言わせたい横暴ぶりは、本人の脳には「他者を支配できる」という全能感の快楽を与えてくれます。が、そんな脳内遊戯などのために、現実では「ワガママで扱いづらい人」として嫌われ、尊敬もされません(尊敬しているフリはされますけれども、いやはや)。

それゆえ、「もういいっ」と拗ねた暗号を発しそうになる都度、その原因を見つめて思いとどまることです。「相手を困らせたい幼児性なのだな」と。

㉖他人へのイライラは、その人と自分の煩悩の連鎖

「これは許せないッ。イライラ」

私たちはいろいろなことで他人に対して腹を立て、心乱します。では、相手の何が許せないのかを冷静に分析してみますと、それは、相手の煩悩なのだとわかることでしょう。

たとえば「ネチネチした嫌な言い方をしてくるのがイラつく」。つまり相手の「怒り」の煩悩が許せない。

「政治家や官僚が不当に私腹を肥やしているのがイラつく」。つまり相手の「欲望」の煩悩が許せない。

「いつもモタモタして、失敗してくれるのが不快」。つまり相手の「愚かさ」の煩悩が許せない。

ここに挙げた「怒り」「欲望」「愚かさ」の三つの煩悩は、仏教で心を分析するための基本要素です。

それをふまえますと、私たちが他人にイライラするとは、「相手の怒り、欲望、愚かさに対して、我が怒りの煩悩が連鎖している」と言い換えることができそうですね。

私たちは他人の煩悩に対しては、ずいぶんと敏感に察知するうえに、手厳しく怒りを返すのです。

注意されると、イラッとして言い訳したくなるのも、注意する人の怒り、すなわち攻撃性を察知しているから。あるいは、約束を破られたり、嘘をつかれたりして腹が立つのも、相手が欲望を優先しているのを察知するから。他人の失敗が許せないときも、愚かさを察知するがゆえに、怒っているのです。

「許せないッ、イライラ」となるたびに、この連鎖を自覚することをお勧めします。「なるほど、怒りに対して怒っているんだな」「欲望に怒っているんだな」「愚かさに私の怒りが連鎖しているんだな」などと。原因と結果、つまり因果がわかれば、落ち着くはずです。

㉗煩悩の連鎖が自覚できれば心は落ち着く

私たちが他人に腹を立てるとき、その人の①怒り（攻撃性）、②欲望（収奪性）、③愚かさ（無能性）の三種の煩悩のいずれかを察知して、それに対して怒っている。そんなことを前項で記しました。これら三種の他人の煩悩に対し、「煩悩を向けられるのは嫌だっ」と、自らの怒りの煩悩を連鎖させているのです。

三種のイライラのうちもっとも自然に見えますのは、人が向けてくる怒りへの怒りでしょう。批判されたり攻撃されたりすると通常、生命が脅かされますから、動物的防衛本能として怒りが発動されやすいのです。

次に欲望でしょうか。それによって自分の取り分が少なくなります。たとえば、人から自己愛の欲望をむき出しにした自慢話を聞かされると、自分の「自尊心の取り分」を奪われて、いら立ちがちになります。たいした実害もありませんのに。

では、人が愚かさゆえにうっかりミスをしたのに対して、いら立ってしまうのはどうでしょう。間接的に多少の迷惑は被るかもしれませんけれども、さらに実害は小さい。

これらは、日々の自分の「怒りっぽさ」を測るバロメーターになりそう。人の攻撃性にイラつく程度なら怒りっぽさ1ポイント。「きょうはいつになく、何だかパートナーの自分語りにイライラする」など、さして実害もない欲望を許せないなら2ポイント。

そして、「この人、手伝ってくれたのはいいけれど、言った通りにしてくれないっ」と、感謝もできず文句を言いたくなるとき。愚かさにイライラするのは怒りっぽさ3ポイント。

たいして実害もないような人の煩悩にイライラするときは、「怒りっぽくなっているなあ、自分」と視点を百八十度回転させてみましょう。

㉘「あなたが優しくしてくれないなら私も」の争いは不毛

「最近あなたは、私との約束を平気で破るようになったね。それなら私も今度から、あなたには優しくしないことにするから」

こういう思考は、いわゆる「目には目を、歯には歯を」というものですね。人間同士のお付き合いは、初対面の頃は相手に気に入られようとして頑張りますから、普通は約束を守ったり、優しくしたり、礼儀正しかったり。ひと言で申せば、相手を尊重しようとするものです。

ただ、相手を頑張って尊重するのは疲れるため、互いの関係が親しくなり、なれ合いになるにつれ、誰もが頑張れなくなってゆくもの、ですよね。

前は約束を守ってくれていたのに、だんだん守ってくれなくなる。前は優しい言葉をかけてくれていたのに、かけてくれなくなる。

すると、私たちは「前は自分を尊重してくれていたのに、今は尊重度が下がった」と認識しがち。私たちは、他人からどう扱われるかで、自分の価値が上がったり下がったりすると錯覚しています。それゆえ「尊重されなくなった」→「自分の価値を下落させられたっ」という、逆恨みがひそかに生じます。

相手が自分への尊重や配慮を切り下げてきたのに、自分だけ相手を大事にしてあげていては、負けている気分になる。そこで「あなたへの尊重も切り下げて、あなたの価値も下げてオアイコ」とばかりに、仕返しをしたくなるのです。

すると相手も「価値を下げられた」と傷ついて、その仕返しに、私たちへの配慮や愛情を、さらに下げようとするものです。いわば切り下げ合戦、トホホー。親しい間柄ほど陥りがちですから、要注意。

㉙ 人から良い扱いを受けたときこそ諸行無常を念じておく

「上司に誉《ほ》めてもらえたから、自分の価値が上がった」「仕事に失敗して、自分の価値が下がった」「パートナーが久しぶりに心のこもったプレゼントをくれたから、自分の価値が上がった」……。

かように、人間ってやつは究極、「我」の価値の上げ下げにしか興味ないようにすら見えます。が、そこには、大きな落とし穴があります。自分の心の中だけで「えへん、自分は価値があるんだぞ」と思い込むのは難しいため、他人が自分を尊重して大事に取り扱ってくれたり、特別扱いしてくれたりするのを見て、ようやく「こんなにしてもらえる自分には価値がある」と思い込むことができるのですから。

すなわち、私たちは自分の価値をつり上げるために、他人の愛情や評価に依存することになるのです。

けれども前項で記しましたように、他人の好意や配慮というものはいつも得られるものではなく、むしろ大抵は、徐々に減っていくもの。

「前は誉めてくれていたのに最近認めてくれない」「前よりメールの文面がおざなりになった」などと感じると、前にいったん評価や配慮を通じて自分の価値を上げていたぶんだけ、こんどは「相手のせいで価値を下げられたッ」と逆恨みしたくなることでしょう。

ゆえに、良くしてもらって「価値が上がった、わーい」と喜ぶのは、将来、必ずや扱いが下がることを考えれば、価値下落とイライラを招くための時限爆弾を仕掛けたようなものと申せましょう。

この「乱高下」を防ぐには、良い扱いを受けたときこそ、喜ぶ代わりに「この扱いも一時的なもの、やがて過ぎ去るもの」とばかりに、諸行無常を念じて執着を手放しておくのが特効薬です。

㉚ なぜ大人になっても親の言葉には心をかき乱されるのか

「その考え、どう見てもおかしいんじゃないの？　そんなのでよく人様に教えているね」

最近、親からそう言われ、とっさにムカッとして、その怒りをしばし見守っていると、ふと思い当たりました。その「ムカッ」の内容は、表面的には「何て失礼な言い方だ！」という怒り。しかし背景には、「親に否定され、存在が脅されている」という弱さがある、と。

「自分はちゃんとやっている」「そんなことを言われる筋合いはない」というように、自分に向けられた否定に反論したがる思考が渦巻いているのがわかりました。つまり否定されるのをとても怖がっているがゆえに、それをはね返そうと怒っている。

人は誰しも、親からでなくとも否定されることは好まないでしょう。けれども、親の嫌な言葉に対しては、特別に心をかき乱されるというのは、よく耳にすることです。

私たちが無力な子どもだった頃、親は子の生存を左右する力を持っていて、その親から否定されるというのは、生存を脅かされるものとして心に刻まれているのです。

思うに私たちが成長して、もはや親の支配から脱していても、一度心が「この人たちに否定されると生存が脅かされる」と覚えてしまった以上、何歳になっても親の嫌な言葉に過敏に反応しがちなのでしょう。

こうして世の中に「親のちょっとしたひと言」→「子のムカッ」→「親子ゲンカ」というパターンが満ちあふれます。親のひと言にムカッとするとき、その背景で、おびえて親に呪縛されている自分の心に気づいてあげること。怒りの正体がわかればいくぶん楽になるものです。

㉛ 「家族を思い通りにしたい」という支配欲が不幸のもと

「せっかくご飯をつくったのに、呼んでもすぐ来てくれないせいで、冷めちゃったでしょ、もうッ」。そうパートナーや子どもに怒るシーンはありふれたものでしょう。

このイライラの背後には「家族を自分の思い通りにしたい」という支配欲があります。その支配欲が強くなると、たとえば入浴の順番や時間を決めたときに、家族がそれをちょっと守らないだけで、「まだなの！」「何しているの、早くして！」などと、ヒステリックになってしまうものですね。おやまあ。

ポイントは、お風呂の時間が多少狂っても、ほとんど実害はないのに、そんなことでイライラすると心の害は甚大だということ。自分の心がギシギシするのみならず、そのような支配欲による怒りをぶつけられたパートナーや子どもからは、反撃が返ってくるものです。たとえば、子どもが「たかが風呂のことで、人様の自由を奪う権利は、お前にはないんだよ、ババア！」と乱暴に返して、ケンカになるかもしれません。

これはたんなる一例ですが、実はここでは、家庭内での精神的権力闘争がおこなわれているのではないでしょうか。親は必死に子どもを思い通りに支配しようとし、子は自分の力が及ぶ範囲を奪われまいと抵抗する。

家族という閉じた領域では、自分の価値を高めるために、支配して相手の立場を低くしたいと考えがちなのです。すると、夫婦も親子も権力を奪い合うライバルのような存在になってしまいます。

こうして、思い通りにしたいと思うほど、家族との権力闘争に巻き込まれて、互いを不幸にするのです。うーん、家族って、厄介なものですねえ。

㉜「でも」「しかし」をこらえて権力闘争を回避する

家庭の内部は家族同士の権力争いに満ちている、と前項で記しました。

わかりやすいレベルでは、姑《しゅうとめ》と嫁の間の、部屋の片付け方や食器の置き方をめぐる価値観の対立もそう。「お鍋はここに重ねてほしいのよねえ」「でも、重ねないほうが乾きやすいと思って」。このとき、「でも」の中に込められているのは、単なる鍋の置き場所を決めることを超えて、姑の支配欲に対する権力闘争なのです。で、険悪になる。あいやー。

あるいは、よけいなものはどんどん捨ててスッキリしたい人が、「もったいない」とため込む人を家族に持ってしまったら、さあ大変。前者のAさんにとっては、捨ててスッキリすることがスマートで当然に見えますが、取っておくことが当然なBさんの目には、もったいないことに見えています。

ですから「これ、捨てていい？」と聞くと、「捨てないで」と返ってくるのみならず、「そんな何でもかんでも捨てるなんて、もったいないと思えないの？」とか、「あなただけの所有物じゃないのに捨てる権利があるわけないでしょう！」と、怒りを込めた攻撃がぶつけられることになるでしょう。ここでは、AさんとBさんの「当たり前」という見方にとらわれた「見《けん》」の煩悩が衝突して、相手の領土を侵略しようとしているのです。

この手の権力闘争に巻き込まれて不毛な議論を始めないコツは、最初の例に挙げた「でも」を言わないことです。相手の「当たり前」に対して自分を守ろうと、「でも」や「しかし」と言いたくなるとき、「なるほど、考えておくよ」などと肩すかしをくらわせて、しばし冷却してから再起をはかってみることにいたしましょう。

33 「ありえない」という否定語は傲慢で不寛容

「ありえない！」という決めゼリフ（のようなもの）をよく耳にするようになったのは、筆者が高校生くらいのときですから、十五年くらい前からのことでしょうか。今ではすっかり日常語として定着して、「何それ、ありえないよねー」などと、対象を完全否定しつつ、微妙にバカにする使い方をされていますね。

ふつうは失敗しないだろうと思える簡単な仕事でミスをした部下に、「ありえない」。みんなが笑っている場で急に暗い自分語りをする、空気を読めない子に、「ありえない」。あるいは、テレビで報道される凶悪犯罪についても、「ありえない」。

このセリフは文字通りに取ってみれば、「それは起きるはずがない」とか、もう一歩進んで「起きてはならない」「非常識な、起こるべきではないことだ」という意味となりましょう。

そう考えてみますと、「ありえない！」という言葉に、ほんのり傲慢《ごうまん》な響きが含まれているように思われる理由も見えてきます。なにせそれは、「起こるべきことと、起こるべきでないことは、全部、このワタクシの常識に沿って、決まるのである。他人と世界は、それに従いなさい」というニュアンスをはらむのですから。

この傲慢さは、現実に目の前で起きている事実を、「ありえない」と拒絶することによって、私たちの心を不寛容にさせ、いら立たせます。しかし現実は、自分の思惑を超える、あらゆることが起こるのが、当たり前なのです。地震も起こる。火事も起こる。犯罪も起こる。裏切りも起こる。理不尽な扱いも起こる。原発事故も起こる。戦争も起こる。

そう、すべては「ありえる」と開き直れば、心は強くなるのです。

34 どんな犯罪も災害も裏切りも「ありえる」もの

他人の言葉やふるまいが、自分の常識に反しているとき、「ありえない！」と、あきれかえって否定することで、私たちの優越感は刺激されます。政治家の失言からパートナーの約束破りにいたるまで、「ありえない！」。これは「自分は、そのような非常識な人間ではなく、良識ある立派な者なのだッ」と、自らに言い聞かせているのです。

この対極だったのが『歎異抄《たんにしょう》』に言葉が残る親鸞です。彼はおおまかにこんなことを言います。「自分が殺しをしないのは、この心が善だからではない。たまたま恵まれた状況を与えられているから盗みや殺しをせずに生きていられるけれど、しかるべき環境と精神状態に置かれたら、盗みも、殺しもするだろう」。

この話は親鸞が弟子の唯円に「私の言うことを聞けるかね」と尋ね、「何でも聞きます」という答えを受けた後、「では今からたくさん人を殺してきなさい」「できません」

とやりとりをしたことから始まります。「ほら、『何でも聞きます』と言ったのに、できないだろう。でもそれは君の心が善だからではなく、たまたま今は殺しをする劣悪な精神状態に置かれずに済んでいるからなのだよ」と述べるのです。

親鸞の目には、どんな失礼な発言も約束破りも、異常そうに見える犯罪者も、「ありえない！」どころか「ありえる」ものに映っていたことでしょう。なにせ現在の自分はたまたまそれをせずに済む状況に恵まれているだけで、状況が変われば彼らと同じことをやりかねない種を心の底に隠しているのですから。

「自分もやりかねない」という、潜在的な可能性を知っていれば、「ありえない！」を離れて許容する優しさが生まれるのです。

㉟ 謝るときはよけいな言い訳を付け加えない

「あなたはいつも人の話をちゃんと聞いてくれないから、腹が立つ！」たとえば、こんなふうに責めたてられたとき、私たちの心はすぐに防衛反応に硬直しがちです。

さらに、次のように続いたら、いかがでしょう。

「あのときも私があんなに困っていたのに冷たい態度だった。本当に優しくないんだから……」

自分を守るため、「あなただって○○なくせに」と怒り返すなら、ただでさえケンカごしの相手と衝突するのは目に見えています。心を保つためには怒り返すのは論外としましても、とはいえ相手をなだめようとして謝ってみるのも、それはそれで意外に厄介です。

たとえば「ごめんね、確かにそうだと思う。これから気をつけるよ」と言えたとしても、しばしば「蛇足」を付け加えてしまいたくなるものですねえ。先の例ですと、「ただ実はね、あのときだけは違っていて、仕事があまりにも忙しくて余裕がなかったんだ」ですとか。

私の場合こういった蛇足をつけることで、相手の誤解をときたいと考えるものなのですが、これらはあいにく、ことごとく逆効果。「謝っているくせに部分的に反論してきている」と受け取られてしまい、相手はさらに怒ります。「その場合は違ったのかもしれないけれど、じゃあ○○のときは……」と、さらに追いつめられるだけです。トホホー。

ですから、怒っている相手が出す具体例や説明に間違いや誤解があっても、「それを訂正したいッ」という正しさへの欲望を、手放すことです。ここは謝って和解することを最優先する、といったん決めたなら、相手の発言にいくらかおかしなところがあったとしても、今は耐え、言葉少なに相手の顔を神妙に見て、じっくりうなずきましょう。

㊱「自分を正しく理解してほしい」という欲望を手放す

怒っている人に私たちが非難されるとき、言い訳を付け加えると相手はさらに怒るので、謝るときは謝るだけにしたほうがいいと前項で記しました。では、たんなる言い訳ではなく、相手が「間違っている」と感じたときはどうでしょう。「言いたいことはわかるけれど、論理や具体例が正しくない」というように。

たとえば、「あなたはいつもいつも待ち合わせに遅刻するよね。しかもその理由はいつも、買い物に気を取られたり長電話のせいだったり、自分勝手な理由だから腹が立つ！」。

こんなセリフに、私たちは間違い探しをしたくなります。前回の待ち合わせは遅刻しなかったとか、今回は電車の遅延のせいだったとか。そこで、「ごめん」と謝りつつも「でもね」と付け加えて、「この前は遅刻しなかったと思うけどね」とか、「今度は電車のせいだから、いつも自分勝手ってわけじゃあないんだよ」と続けたくなるものですよね。

しかし、言い訳と同じように、相手は間違いを指摘され反撃されたと錯覚し、よけい感情的になります。「でもほとんどいつもでしょう!!」なんて。

私たちは「謝って譲歩してあげているんだから、部分的な訂正くらいは相手も聞き入れるべきだ」と思い込みがち。ゆえに、聞き入れてくれずにいっそう怒った相手に「謝ってあげているのに」と立腹するものです。こんなときも、私たちの脳は「正しさ」という病に侵され、「自分を誤解しないでほしい」という、理解してもらいたい欲に目がくらんでいます。

そう気づいたら、そんな欲より相手の怒りを静めてあげるという実益《メリット》を優先。今は誤解されてもかまわないという勇気を発揮したいものです。

㊲「自分を理解させたい」病同士の寂しいすれ違い

私たちが隠し持っているさまざまな欲望のうちでも、「自分のことを他人に正確に理解させたい」という欲望は、かなり強烈な部類に入るのではないかと思われます。

たとえば、こんなささいなやりとりのなかにも、その欲望がひそかに発露しています。

ある日、仕事を終えた後、仕事相手のかたが、「長時間のご講演、大変でしたね、疲れたでしょう？」とせっかく尋ねてくれたのです。が、私はこう答えてしまいました。

「いいえ、全然疲れてませんよ。瞑想の調子の良いときは、疲れないものです」

これは、相手の「疲れているだろう」という予想が思い込みにすぎず、自分は本当は元気なのだという正しい情報を自己主張したくなっているということですよね。

ところがこうやって「いや……」と訂正することによって、相手はコミュニケーションそのものを受け止めてもらえなかったかのように感じ、鼻白んでしまいがちです。

「実際に疲れているかどうか」が相手にとって大事なのではなく、たんに「あなたのことを気にかけているよ」というメッセージを伝えたい、というのが主な目的のはず。

その相手の心馳せを台無しにするのが、「自分を理解させたい」という病なのです。「あなたは鳥が好きだと思って……」「いや、すべての鳥じゃなくて、カモとクジャクが好きなの」とかね。

私たちの会話の多くは、こうやって相手の会話を遮《さえぎ》ってしまうせいで、寂しくすれ違っています。相手を理解しようとせず、自分を理解させようとしてばかりであるがゆえに、です。

おそらく、自分の状態や興味、性格などをより正しく知ってもらうほうが、より的確な扱いが受けられると判断して、脳は理解を求めるのでしょう。脳は、交際下手ですね。

㊳ 正義を声高に叫ぶ人はなぜうさんくさいのか

私たちが持つ善悪・優劣の価値観のうさんくささについて考察してみましょう。

たとえば筆者は以前「スポーツは野蛮である。他人がスポーツをしているのをテレビで見て、感情移入して喜怒哀楽に揺れるのも野蛮だ」という負の価値観を持っていました。

けれども、その価値観ができあがる前を振り返ると、小さな頃には野球やドッジボールに励んだものの、いずれも人並みにできなかったという屈辱感があったのです。最初は少しでも練習してうまくなろうと意気込んでいましたから、筆者にも「スポーツができるのは良いこと」という価値観があったのでしょう。ところが、虚弱体質の少年にとって、「良いこと」が上手にできない自分が「劣っている」と感じ続けるのはつらいものです。

そのつらさを打ち消すには「そもそもスポーツは野蛮で、夢中になっている人は劣っている」というように、逆の価値へと基準をひっくり返せばよかったのです。その結果、「スポーツにそっぽを向いた自分は優れている」とちっぽけなプライドを守れたのです。

このような、弱者がゲームのルールを自分が勝っているような内容に変えてしまう卑屈な根性を、鋭く見抜いたのが哲学者のニーチェでした。

著作『道徳の系譜』でニーチェは「他人のために」という善なる道徳は、「他人のことを考えない強者は劣っていて、他人のために尽くす私たち（弱者）は優れている」というふうに、弱者が逆転するためにつくり出したと考えます。だとすると、正義を声高に叫ぶ人の声がうさんくさく聞こえるというものです。

㊴ まず相手の甘えを受け止めれば対話の質は向上する

道場を移転するにあたり、何軒かの不動産屋さんに物件を案内してもらっていたときに考えたことがありました。

「この土地の湿気は大丈夫でしょうか？」と質問したとき、「逆に、この土地のすばらしさは他にありませんから、お勧めです」というふうに返されて、気分が萎《な》えそうになったことについてです。

そのときの私の気持ちの内訳を考えてみますと……。①相手が自分の言葉を受け止めずに、関係ありそうで実は関係ない話題に変えている、②質問そのものを打ち消すかのように「逆に」と否定している、③何と何が「逆」か納得いかない、でした。

このうち、①と②は「話をまともに聞いてもらえなかったよーッ」という無意識に生じた自身の甘さゆえに、萎えた気分になっていたのでした。いやはや。その甘えを自ら見つめ、とらえてゆくのは、相手の責任ではなく私の仕事です。

他方で、私の見るところ、営業パーソンのかたがたには、「逆に」をあまりに連発する傾向があるのではないでしょうか。商品や企画に対する疑問を相手から投げかけられたとき、売り込みたい一心で「逆に……」と切り返してしまうと、その相手は「この人は反論と自己主張ばかりで話をちゃんと聞いてくれない」と、気分を害するのではないでしょうか。結果として、目の前の人と信頼関係を築けなくなるものです。

これはビジネスに限った話ではありません。誰もが多かれ少なかれ、まずは自分の話に十分、耳を傾けてほしいと、甘えとともに考えています。ゆえにまずは、その甘えを受け止めてあげ、自分に不利な情報でもまっとうに返答をすれば、対話の質は必ず向上するでしょう。

㊵ 自分の考えを返す前に「そうですねえ」とひと呼吸おく

「相手の話を受け止めること」がなかなか難しいのをあらためて実感したのは、つい先日、北鎌倉駅を降りて浄智寺の方へ歩いていたときのことです。

筆者を案内してくださっているかたがふと、「この辺りは駅のホームですら、すぐ木々のしっとりした甘い匂いがしますでしょう」とおっしゃいました。それに対して筆者は「そうですね。でもこの辺りまで歩いてくると、さらに空気が澄んでいますねえ」と返したのでした。

そこで一瞬、相手のかたが鼻白んだようになったのがわかりました。筆者が「そうですね」と言っていますので、一見するとキャッチボールが成り立っているようには見えます。けれども実は「ホームですら空気が良い」という話題そのものには応答していませんから、「話をちゃんと受け止めてくれなかった」というかすかな不全感を、相手に与えてしまったのだろうかと思われます。

――という話を例に取りつつ、「すぐに自分の考えを返す前に、『そうですねぇ』としみじみ答えてワンテンポ置き、まずは相手の意を受け止めきることが大事」などと、その翌日、講演会で話したのです。そしてあろうことかその直後、本にハンコを押す作業を手伝ってくださるかたに、筆者は「ありがとうございます。あ、でも押す場所はもう少し文字に重ねてくださいね」と申していました。「ありがとうございます」と「あ、でも」との間が短すぎて、「ありがとうございます」という受け止めよりも、否定のほうが相手に伝わってしまう。いやはや、どうぞ反面教師にされてくださいませ。

㊶ 毎日たまる「聞いてもらえない寂しさ」が怒りに転じる

最近耳にした話によりますと、電車の車掌さんは乗客から暴力を受けることがあるらしいのですが、次のようなプロセスをたどるそうです。

乗客「この電車は○○駅に行きますか?」

車掌「あなたはどこまで行かれたいのですか?」

乗客「質問しているのはこっちなんだ!」

……と激高するのだそうです。

この場合、車掌さんは質問を無視しているわけではなく、むしろ正確に答えようと、質問をしているのです。けれども、「まず答えてほしい」という、相手の気持ちを受け止めるのには失敗している。

加えて、車掌さんたちは一日中、横柄な態度を取る乗客に接する中でイライラしているなんてこともあるでしょう。そんなときは返事の言葉もぶっきらぼうにもなりがちですから、乗客をカチンとさせてしまうのかもしれません。

前項で記した通り、「自分の話をまっとうに受け止めてほしい」と、誰しもが願っているのです。なのに、皆が「自分の話」を聞いてもらおうとするばかりで、「人の話」をしっかり聞かない。

その「聞いてもらえない感」が毎日毎日、少しずつたまっていったあげくにもう限界……。そんなタイミングで、たまたまダメ押しをされるかのように、ちゃんと聞いてくれない人に出会うと、不幸にもその相手は怒りを爆発させるターゲットになってしまうのでしょう。表面的には怒りとも取れます。しかし、「誰も聞いてくれない」という寂しさが、実はその正体なのです。私たちも自分の言いたいことを優先させて相手の話をそらし、うっかり相手の寂しさを増幅させていないかと、反省したいものですね。

㊷「興味あるフリ」「聞いてるフリ」はすぐバレる

前項まで記しておりました「誰も人の話を聞いていない」という話題について、「自分は他人の話をちゃんと聞いている」と思いながら読まれているかたも、けっこういらっしゃることでしょう。けれども、意外と周りの人からは「この人、ちゃんと話を聞いてくれない……」と思われているかもしれません。

ひょっとすると、「そんなことはない。自分は話を聞くとき『なるほど』『そうなんだー』と、ちゃんと相づちを打っているしね」と反論する人もいるのではないでしょうか。

うーん、ところがせっかくの相づちも、打つのが早すぎたり、目が別の方向を見ていたり、本心では「興味ないよ」と思っていそうな表情だったりすることで、逆効果になることも往々にしてあるものなのです。なぜなら、私たちは「興味あるフリして、実は聞いていない人」に対して、騙された気分になり不快になるものですから。

ゆえに、興味もないのに「どこへ旅行してきたの」なんて質問して、せっかく熱心に答えてくれる相手に「へー、ソウナンダー」なんてボンヤリ相づちを打ち、「聞いてあげているつもり」になるなら、大間違いなのです。

おそらく相手は、「興味がないなら最初から聞いてこないでほしいのに」と、空振り感にむしろイラッときていることでしょう。

「質問をすることで相手に興味があることを示す」といった小手先のテクニックを使っても、結局、相手の話を心から聞いていなければ、相手を傷つけてしまう。傷ついた相手には、私たちの話を聞く余裕がありませんから、次に傷つきイラッとするのは、私たちなのです。

第三章 言い訳しない

㊸知人が高く評価されるとなぜ反射的に否定したくなるのか

ここからしばらく、嫉妬心について考察してみましょう。この煩悩は、けっこう恐ろしいもので、たとえば「あの人は頼りになるし、才能もあるし」なんて、自分の嫌っている知人が持ち上げられていると、反射的に否定したくなったり、ね。「いや、でもさあ、実は性格が悪いらしいから、あんまり関わらないほうがいいよ」といった具合に。

この嫉妬心が望むのは、話題の人の評価を下げること。ところが、その人のことを高評価している聞き手にとって、「でもさあ」という低評価は、自分の考えを否定しているように聞こえるため、不協和音にしか感じられません。

その結果、嫉妬の標的の評価を下げるどころか、他人をけなす心の狭い人物として、皮肉にも自らの評価を低下させることになるのです。

では、このような苦しい思考にはまり、他人の幸せを喜べない醜さに陥る理由は何でしょうか。

筆者の見るところ、「他人の幸福度が上がると、その人の価値も上がり、相対的に自分の価値が低くなる」という錯覚に基づいています。

数値でたとえるなら、自分の価値は〝10〟のままでも、価値〝7〟の知人が〝15〟に上昇すると、自分の〝10〟にあまり価値がなくなったかのように感じる。ゆえに毒の味となります。反対に知人の〝7〟が〝3〟に下がると、自分の〝10〟がより際だつがゆえに、他人の不幸は蜜の味となるという塩梅なのです。

けれども、それは相対的に考えることによる錯覚にすぎず、そもそも自分の価値が〝10〟であることに、変わりはないのです。そのことを自覚すれば、嫉妬は和らぐでしょう。「他人の価値とは、無関係なんだ」と。

㊹ 妬みはごく自然な感情、恥ずべきことではない

以前、「自分の妹に嫉妬してしまうのが情けなくて」という悩み相談を受けたことがありました。妹さんが先に結婚したことに対しても、「おめでとう」と口先では言いつつ、心では嫉妬し、幸せそうな姿を見る都度、苦しくなるのだと。

「もう三十歳近くにもなるのに、こんな心の狭い自分で恥ずかしいです」と、しきりに恐縮しておられました。

この場合の問題は「嫉妬するのは特殊な、恥ずべきこと」という思い込みです。自分がとっても異常な考えをしているという思いのせいで、「嫉妬している自分はダメ」と自己否定してしまう。それゆえ、よけいに搦《から》め捕られているようでした。

さて、ところが妬みという煩悩は、実は非常にありふれた、誰もが抱えているものにすぎないのです。

特に私たちは、自分と共通点の多い相手であればあるほど、妬みの対象にしやすいように思われますから、妹などというのは格好の対象となるのは当たり前というもの。けだし、自分と同じ性格だったり似た職業だったり似た境遇だったりすればするほど、相手の幸福度が上がることで、相対的に自分の価値下落を錯覚しやすくなるのでしょう。

自分と共通点のある存在の幸福に対して不愉快になるのは、ごくごく自然な、人間の本能のようなものなのです。ところが、嫉妬という感情は他人を嫌な気持ちにさせる、と誰もがわかっているがゆえに、嫉妬していても、それを隠して「おめでとう」なんて、ごまかしているのです。それで、他の皆は嫉妬していないように見えるだけのこと。

そのカラクリがわかれば、妬む自分をまずは許して安らぎたいものです。

㊺ 勝手にライバルを仕立てて妬んでしまう心に要注意

嫉妬という厄介な感情の燃料量は、相手と自分がどれくらいライバル関係にあるかに比例しそうです。

筆者の事例で、ホロ苦さとともに思い起こされますのは、大阪に住んでいた小学生時代の妬み心です。タケちゃんという親友が家に遊びにきてくれたとき、親は「タケちゃん、お好み焼き好きだと思って、夕飯はお好み焼きよ」と、もてなそうとしました。

そのとき、「僕はお好み焼き、嫌いやのに!!」と猛烈に腹を立て、タケちゃんに八つ当たりしてしまったのを、よく覚えております（タケちゃん、ごめんね）。

当時の筆者は、それを単に「嫌いなものを出されたことへの怒り」としか理解していませんでした。しかしながら、今になって振り返りますと、あれは妬みだったのです。

「自分の好きなものをつくってもらえる」ということを通じて、親からの愛情を分配してもらえるゲーム。そんなゲームに知らず知らずのうちにはまっていたがゆえに、友だちの好物のほうが優先されたことにより、彼を愛情分配ゲームのライバルとみなしてしまったのでしょう。

こうして、敵手《ライバル》の取り分が増えると自分の取り分が減るのでは……と汲々《きゅうきゅう》としてしまう。けれども着眼するとよいのは、このケースではタケちゃんは実際は敵手ではない、ということです。親が、家の者よりも来客をもてなそうと優先するのは、愛情ゆえというより礼節ゆえだったりもするのですから。

つまり、友だちの取り分が増えても、別に自分の取り分は減らない。私たちの心はうっかり、妬みによって敵手じゃない相手を敵手につくりあげるのですから、要注意ですね。

㊻ 誉められても喜ばず、貶されても嘆かないように

筆者は、しばしば法話をおこないますが、お寺でのものと比べて不得意と感じるのは、企業などの団体の研修に呼ばれて話すときです。

先日も、ある団体の職員の方々に向けて法話をしましたところ、最初はしばらくの間、言葉が空回りするような具合に感じられました。

こういった場はその団体に属する人々全員の強制参加だったりもする都合上、すべてのかたが「話を聞きたい！」と積極的に集まられたわけではありません。当然、よそ見をされたり白けた表情をされたりするかたもいらっしゃいます。それで、話す側は「自分が受け入れられていないのでは」と緊張してしまうのでしょう。けれど、話しているうちに徐々に笑うかたやうなずくかたが増えてくると、格段に話しやすくなってくるものです。

これはよくよく考えてみますと、「聞き手の評価によって一喜一憂する弱さ」に他なりませんよねえ。「けだるそうによそ見をしている」＝マイナス評価、「笑ったりうなずいたりしてくれる」＝プラス評価と読み取り、自信をなくしたり自信をつけたり、コロコロ揺れ動いているのです。

評価されたときは「自信」という上げ底で自分を支えて頑張ることができても、逆境に立たされると、「自信」はたちまち崩れて何事であれ行きづまってしまいます。

私たちのこんな脆弱《ぜいじゃく》さに対して、釈迦《ブッダ》はビシッと言いました。「誉められても喜ばず、貶《けな》されても嘆かないように。風にビクとも揺れない巌《いわお》を見習いたまえ」（『法句経《ダンマパダ》』第八一偈《げ》）と。

㊼「心を保つ」前に、まずは「体を保つ」べし

しばらく前に、この連載記事の原稿を執筆していたときです。「心を保つお稽古」を書いているまさにその筆者が、心落ち着かない気分で、疲れながら作業しているという皮肉な状況にあることに、ふと気づきました。

そのときは、とりたてて時間に追われているわけでもありませんでしたし、何か具体的にいらだたしいことがあったわけでもなかったのでした。「おや？　それなのになにゆえに自分はこんなに緊張して、落ち着かない気分なのだろう」と思いを巡らせましたところ、「犯人は体だッ」と思い当たったのです。

体の一部、肩が上がった状態で、ペンを走らせていたのです。その日、用いたガラステーブルはふだんのものと比べて高く、椅子のほうは低かったので、ペンを持って原稿用紙に向かう際、どうしても肘《ひじ》が浮き上がり収まりが悪く、肩が上方へ持ち上げられる

ような具合になってしまうのでした。

　すると肩の筋肉は張って、力んだ状態に置かれざるをえません。興味深いことに、心理的に力んだり、いらだったりしますと肩が張るのみならず、その逆方向もまた真。先に肩を張らせると、後から心理的な力みやいらだちがついてまいります。肩の張りをつくると、脳は過去に肩を張らせた感情を想起して、無意識にその手の感情に染まりやすくなるのでしょう。

　なお、くだんの机は足の土台を外して低くしてやりましたら、肘はしっくり収まり、その後は肩は快適、気分もスッキリで執筆できるようになりました。

　心なんて、かくもあっさり体に翻弄《ほんろう》される。ですから、仏教では「心を保つ」という難題に取り組む前のステップとして、まずは「体を保つ」ことから始めるものなのです。

⑱「体を保つ」基本は、食事を腹七分目にとどめること

「心を保つ」には、まず「体を保つ」ことからと前項で記しました。体を保つにあたり釈迦《ブッダ》がいろいろな経典の中で何度も述べているのが、実は小食にとどめることです。

たとえば『法句経《ダンマパダ》』の中で仏教のエッセンスを簡潔に何点かにまとめた項目の中でも、「食事の量を自制すること」と説かれています。修行をするとき、おなかがいっぱいですと精神集中ができずにすぐ眠くなるものでありまして、それは筆者も満腹になった後に坐禅をし、てきめんに心が散乱するときなどに「あいやー」と痛感する次第です。直接的にはそれを防止し、鋭い精神性を保つための指示なのでしょう。

食事は腹六、七分目くらいが望ましい。満腹になるとボンヤリするのみならず、さらに過食をするなら、胃や腸が苦痛を発するのに心が影響され、イライラしやすくなったり気分が沈んだりします。このように私たちの心は、ずいぶんおなかという身体パーツ

に左右されている。

過食をする人が、苦しくてもなかなかやめられない理由は、暴走した生存欲求にあります。人体の仕組みが形成された原始時代、生き延びるための栄養は乏しく、人々は飢餓状態が普通でした。ですから生存確率を上げるべく、高カロリー源を摂取すると大いに快楽を感じるようプログラムが組み込まれたのでしょう。

糖質、脂質、たんぱく質が舌に触れると脳内に快感物質ドーパミンが分泌される仕組みになっています。不幸にも現代は甘くて脂っこいものがいくらでも手に入るので、快感物質の分泌が止まらなくなるのです。その罠にはまり心が鈍らないよう、腹七分目のお稽古はいかがでしょう。

㊾ 砂糖のドギツイ甘みは気分を乱高下させる

甘みや脂質やたんぱく質を多く含んだ食品が舌に触れると、脳内に快感物質が分泌されると、前項で記しました。

その仕組みは人類が飢えていた太古の時代には、栄養価の高い高エネルギー食を優先して食べたくなるように人々を駆り立てるために、有用だったことでしょう。ところが、食物が豊富に得られすぎる現代日本では、甘いものや脂っこいものがいくらでも手に入ってしまうがゆえにこそ、その快楽への渇望に歯止めがきかなくなりがちです。

生き延びるための仕組みゆえに、甘いものや脂っこいものへの快楽に支配され食べすぎてしまうと……、肥満や糖尿病をはじめとして、皮肉なことにかえって健康を損ない、生存が脅かされているのです。

とりわけ人間は、食材から糖質のみを純粋化して取り出し砂糖を開発してしまいました。それゆえ、舌にある感覚の受容器をダイレクトに甘みで刺激して、強烈な脳内快楽を生み出すことに成功したのです。

ただし、純化された糖質は消化・分解のプロセスを何段階も省略して早々に吸収されるため急に血糖値が上がり一時的に気力が出ても、インスリンが分泌されて、血糖値が急に下がり、それが空腹感をもたらす。

本当は飢えていないのに、空腹感から脱するため、また食べ物がほしくなり、血糖値の乱高下にあわせて気分は上がったり下がったり。その悪循環に陥らぬよう、砂糖のドギツイ快感は少し減らして、お米や芋、栗、南瓜《かぼちゃ》なんていう天然素材そのものの甘みを、よくかんでじんわり楽しみたいものです。

ま、私も最近はちょっとイイカゲンになって、苺大福やらあんみつやら、好きな和菓子をときどきたしなむのですけどね。ともあれ、何を食するにせよ、修行僧なみにじっくりよくかむことに専念すると、心の安定に関わるセロトニンが脳内で分泌され、心もゆったりしてくるのです。

㊿「快楽」を抑え「静かな満足感」をもたらす精進料理

釈迦《ブッダ》時代の仏教においては、僧はすべての食事を乞食《こつじき》により得ることと定められており、原則として与えられた食物であれば、選ばずに何でも食すること、とされていました。ところが、修行僧に食事を与える習慣のない中国に仏教が伝来した時点で、修行僧は殺生をせず自給自足すべく、自分たちで田畑を耕し、とれた野菜で食事をつくる、というベジタリアンスタイルへと変化したと推測されます。

そのうち、食事が精神に与える影響なども研究されるようになり、修行をするのに適した精進料理の叡智《えいち》が形を整えていったのでしょう。

その食材選びや味付けたるや、前項まで記したところの快感物質（ドーパミン）分泌型の食文化と好対照をなしています。すなわち、①脂っこくない、②甘みは加えたとしてもほんのり、③肉・魚の高たんぱく源は用いない、④ついでに薄味、と。

精進料理は、脳に快楽の反応が生じる甘み、脂、たんぱく質の三要素が控えめにとどめられるため、快楽を感じるためのドーパミン受容体が酷使されすぎることもない。快楽の受容体を刺激しすぎて麻痺《まひ》させてしまい、皮肉にも快感量が多すぎるがゆえ、満足できぬままに食べすぎているのが現代人の姿です。快感をほどよく抑制することでこそ、かえって感覚の麻痺を癒やし、ひと口ひと口の滋味を味わい、満足感を得ることがかなうのです。

その仕組みを知ってか、道元禅師は、その著『典座教訓《てんぞきょうくん》』で、意訳するとこう記しています。「仏教を歩むことにおいては、食においしい、まずいの区別はなく、すべては同じひとつの滋味である」と。

「快楽」よりも「静かな満足感」を得るべく、ご家族で週一度の精進料理などはいかがでしょう。

51 ネットの情報は集めても集めても満たされることがない

脳に「快」の刺激をインプットする頻度と強度を、速く強くしすぎると、「快」を感じる脳の装置が麻痺してしまい、かえって気持ちよさが減ってゆく……。ゆえに、満足できずにもっとほしくなる。

肥大化する食欲もしかり。そして筆者の見るところ、「快」を高速化して心を麻痺させることにかけて、双方向的な情報産業の右に出るものはありません。

情報を集めることは自己保存欲求にかないますから、快を感じる源泉のひとつです。それでも、それらが自分とは関係のない情報ならば、四六時中チェックしたくなるほどの中毒にはならないでしょう。

ところが、インターネット上は双方向性ゆえに「自分が発信した内容に他人がどう反応したか」という情報がふんだんに得られます。つまり「自分が他人にどう見られているか」という「自分情報」が。

実は「自分情報」ほしさに、私たちはパソコンや携帯端末に釘づけになって夢中で書き込みをしたり、メールをチェックしたりするのです。書き込みに他者が反応したりメールに返事が来たりすると「自分が相手にされている！」という有力感を得て、脳に強烈な快が入力される。

携帯端末となると四六時中、肌身離さず持つことが多いものですから、「快」の刺激を脳に入力し続けてしまいがちです。

メールの返事を早くもらえたほうが自分の有力感が強まり、「快」を得られることは経験上、誰もが知っていることですね。それゆえ相手からの返信に「早く、早く」という思いを持ちがちにもなり、さらには「相手もそう思っているのだから、機嫌を損ねないように」と考えてしまいますと、互いにやりとりは高速化してゆくことでしょう。これが「自分情報」の過食症に陥り、感覚が麻痺してゆく第一歩となるのですから、情報の「快」は怖いのです。

52 人とつながりすぎると「快感過多」で不幸になる

つながりや絆という言葉が幅をきかせる昨今ですが、真に孤独を味わうことは、現代社会では極めて難しいことのようにも思われます。

部屋に引きこもっている青少年たちも一見孤独そうですが、ネットに接続して、匿名であれ、どこかの誰かとつながっているのです。

いつ、どこにいても、携帯端末を持っている以上、潜在的に、誰かとすぐにつながりたければつながりうるというインスタントな可能性を持っています。いわばシステム的に四六時中、つながりを強要されているかのような状況と申せるかもしれません。

もちろん、良い側面もあるでしょう。けれども簡単につながりが得られる都度、脳内には「自分は誰かに反応してもらえる価値がある」とばかりに快感が生じるのです。このネットの「つながり」を通じた快感がインスタントかつ頻繁に味わえるゆえに、快楽が多すぎてそれを感知する脳の装置が麻痺すると、前項で記しました。

筆者の見るところ、自然な甘みを白砂糖の刺激に置き換えるのも、自然の音を遮断して好きな音楽に置き換えるのも、現実の世界を映画や漫画の視覚情報に置き換えるのも、目の前にいる人をデジタルなつながりに置き換えるのも、根は同じ。より快適に、よりダイレクトかつインスタントに脳に快感刺激を入力し続けることと関係します。

不幸は、快感不足でなく、快感過多で頭が麻痺することにある。

人は「つながり」によって巨大すぎる快感を感じるだけに、インスタントにつながりすぎないほうが、精神衛生上はよいのです。つながりすぎない孤独を味わう勇気を、次項では仏典からくみ出すことにしましょう。

53 ネットを断って一人に立ち返ることこそ、最高の安息

仕事でも交遊でも、相手の視線を気遣いながら、さんざん人々とつながって、なんだか疲れてようやく帰宅。「ふー、やれやれ」とソファにもたれて休息しているつもりでも、携帯端末を手にしてピコピコ言葉を読み書きして誰かとつながっていたなら、それは深い休息にもリセットにもなりません。

一人のときも誰かとネットで言語記号を介してつながり、現代人の脳はあまりに多量の言葉のシャワーを浴び続け、つながり過剰でパンクしそうであるかのようにも見えます。

あまりに多量の言葉を処理し続けていると、意識が頭へとのぼってしまい、思考が空回りして疲れます。さらに離れていても言語記号によって人とのつながりが四六時中意識されると、常に他人を意識し脳神経が刺激され続け、ダメージを受ける。

このつながり過多は人類史上、未曽有のことと申せましょう。釈迦《ブッダ》ははるか昔から、つながりすぎが脳神経を混乱させることを説いていたかのようにも思えます。『経集《スッタニパータ》』では、「つながり過剰に情が縛られたら己を見失う。つながり過剰にその恐れを感じて、犀《さい》の角のように孤独に歩むように」とでも自由訳できそうな一文をはじめ、しつこいくらいに何度も何度も「犀の角のように独り歩め」と説かれていますからね。

人とつながる快感から時には離れてみることでこそ、他者の視線という強烈すぎる刺激を受けずに、興奮した脳神経がリセットされる。

ゆえに、たまには端末の電源を切って目いっぱい体を動かすことに専念したり息を整えるワークをしたり、言語刺激を離れて孤独なる身体性に立ち返ってやれば、最高の安息になるのです。

㊹「返事はいいです」と書き添える癖をやめる

「お返事は、もしもしたくなければしなくてもいいですから……」。こういった微妙に自信のなさそうな一文を、メールの文末に付け加えてしまうのが癖になっている人を、ときどき目にいたします。

筆者自身も高校生時代に、手紙の末尾にしばしば、「こんなくだらない手紙だから、返事はなくても大丈夫だから安心してね！」だなんて、書き添えるのが癖になっていました。

その心の機微はと申しますと。もしも、なかなか返事がもらえないと、あたかも「自分を売りに出したのになかなか買ってもらえない」かのように自尊心が傷つく。それを、「もともと返事を欲していないのだから自分を売りに出してもいない」ことにして、返事が来なくても傷つかないで済むように、脆弱な自尊心を防御しようとしているのです。

いかんせん、お相手からは、こうした屈折した心理まで見抜かれずとも、このような一文は、相手に「何か、変にこだわっている感じが気色悪いッ」と印象づけてしまうのですよねぇ。トホホー。あるいは「返事をする／しない」「返事をいつする」というのは本人の自由なのに、ぱっと見は親切ぶりつつも「しなくていい」などと命令してきている感じ。微妙に自由を侵害する、精神の領土侵犯をされている印象まで、与えてしまいかねません。

それもこれも、「自分から情報を発信する」というのが、自分を商品化して売り出す苦痛を伴うがゆえのことです。手紙やメールに限らず、ソーシャル・ネットワーキング・サービス（SNS）で日々、自分を売り出すように奨励される現代の老若男女は、苦境に立たされているに違いありません。「早く売れてほしい。もっともっと早く！」と。

55 「自分は正義だ」と思い込むから攻撃的になる

「なんでいつもオレの悪だくみのジャマすんの？　正義感？」と悪者が尋ねるところから、その15コマ漫画は始まります（中崎タツヤ『じみへん』、小学館）。

ヒーロー（のような姿をした人）は「違う」と答えて説明します。映画館にいたとして、隣の人が肘かけに肘をかけているとカチンとくる。「そっと相手を押し返すと相手も力を入れてくる……はじめはどうでもよかった肘かけなのに、もう後には引けない」。相手の自己中（自己中心的な考え）が自分の自己中に火をつける、と。

こうして、ヒーローから丁寧に「映画館の席の肘かけ理論」によって行動の動機は正義感ではない、と説明された悪者は、「よくわかりました」と、ヒーローに対して深々と頭《こうべ》を垂れるのです。

このヒーローが自分の動機を正義ではなく自己中だと自覚しているのは示唆に富んで

います。

対中国・韓国外交にしろ、脱原発の是非にしろ、多くの人が何らかの「正義感」の煩悩に染まりやすい昨今。「誰それが悪だくみをして不正な利益を得ようとしている！」と感情的になりがちです。けれども、「人為で統制しきれない原発はおかしい、許せない」という思考も、誰かの自己中への反動として生まれた、こちらの自己中にすぎないのです。自己中なものを「正義だ」と考えることで、自分の意見に従わない者を傷つけたり威圧したりするのも平気なほど、鈍感になれるものですから、怖い。

誤解のないように記せば筆者は、どちらかと申せば脱原発に与《くみ》する者です。ただ「脱原発の自分は正しい」と思い込み攻撃的になりがちな風潮には水を差したい。そうやって水を差されて「そうか、自己中にすぎないな」と醒《さ》めても、なおかつ淡々と運動を進められる人こそ、真に胆力のある、信頼するに足る人なのです。

㊻「結局みんな自己中」と認めれば冷静になれる

価値観の相対化が言われるようになって久しい現代社会でありますけれども、ごく最近に限って申しますと、少々様相が異なるようにも思えます。前項で言及した脱原発や、中国の軍事・外交的な脅威といったような事柄については、「相手は絶対間違っていて、自分は正義なのであーる！」と言いやすそうな状況が生まれているようです。

それは、ありとあらゆる価値観がふわふわと流動していて、自分の正しさに自信を持てなくなっている現代人に、ある種の救済として現れているようにも見えます。つまり「みんなが被害に遭うような仕組みは絶対に間違っている。やっつけてやる！」という正しさの煩悩を正当化してくれますから、不安定な自我が一時的に安定するのです。

その正義に見えるものは、「みんなのため」であっても、結局は「『みんなのため』と自分が考える自己中（自己中心的な考え）」でしかない、というのは前項で記した通り。

釈迦《ブッダ》が「自分より愛《いと》しいものが見つかるか世界中探したが、見つからなかった」（『自説経《ウダーナ》』第五章）と率直に述懐しているのは、人の根源的自己中への洞察とも解釈できましょう。

こんなことを述べますと、「脱原発を邪魔するつもりか」「中国に尖閣諸島を明け渡すつもりか」などと誤解されかねません。

いいえ、筆者は脱原発を進めたくもあり、中国におとなしくしてもらいたくもあります。ただし、その際はそれが自分の自己中であることを醒めた目で自覚している。政治とは、悪VS.正義の図式でおこなう（そしてそれゆえ狂信的にもなる）べきものではなく、自己中VS.自己中を前提に冷静に策を練るものなのですから。

57 ボランティアも自然保護運動も究極的には「自分のため」

「私は全世界を、すみずみまで探し回った。『自分よりもより愛しいものが見つかるだろうか』と。そして、自分より愛しいものは、ついに見いだせなかった」（『自説経《ウダーナ》』第五章）

これは、前項で短縮して訳した釈迦《ブッダ》の言葉です。この言葉の中には、人間の自己中心性というものへの、冷徹な洞察が含まれているように思われます。

誰かを崇拝していても、誰かを熱愛していても、それを掘り下げて分析してみると……。私たちは崇拝する○○に自分を投影することを通じて、価値が高まったように感じられる「自分」が好きなのです。「そのように夢中になれる自分」や「相手から愛をもらえる自分」が、好き。

ボランティアや自然環境を守る運動で「人のため」と思い込みがちなことも、それにより自分の精神的価値を上げたいということなので、究極的には「自分のため」です。

つまり、そういった一般的に価値のあることをすることで、「自分には存在価値がある！」と自己暗示をかける、自己愛があります。

人間の持つこういった、底の底では自己中心的でしかありえない自己愛。仏教は人がみな自己愛者《ナルシシスト》であるという荒涼たる真実を前提に、出発するのです。

冒頭で訳した『自説経《ウダーナ》』の言葉には、翻って、次のような続きがあります。「他のあらゆる人々にとっての『自分』も、同じように彼らにとってもっとも愛しい。誰もが自己愛者なのだから、自分の幸せを求めるのならば、他者の自己愛《ナルシシズム》を傷つけてはならない」と。そう、他人の自己愛を傷つけると、必ず仕返しがある。本当に自分が好きなら、他人の自己愛を尊重するのが賢明と、思いやりたいものです。

58 脳は善悪を自分に都合がよいように決めている

私たちの脳は、ありのままの世界を認識しているわけではなく、仏教で「渇愛《かつあい》」と呼ばれる自己中心的な思惑によって、世界をゆがめて認識しています。

たとえば雨が降る／晴れる、地震が起こるなどは自然現象であり、本来それに良いも悪いもありませんよね。が、水不足を心配していた人なら、久しぶりの雨を「良い」とゆがめるでしょうし、買い物に出る予定の人は、冷たい雨を「悪い」とゆがめるでしょう。

私たちの都合に合う、合わないによって、自己中心的に良い悪いとレッテルをつけているのです。

ここでひとひねり。雨の予報を見て、「買い物なのに、雨なんて嫌だな」と思い、雨傘を持って出たとします。なのに雨が降らなかったら、私たちは肩すかしをくらったかのような気持ちになりがちですね。「傘を持って出た自分の選択が、正しくなかった」と感じるのが嫌な、「正しさの煩悩」ゆえです。雨は嫌いだったはずなのに、対策を打った時点で、ひそかに雨を望み始める。あらら、なんだか、ヘンテコですねぇ。

あるいは地震が嫌いで怖い、という人が、強固な地盤に立つ耐震設計のマンションを高額で購入したとします。すると地震は嫌いだったはずでありましたのに、「地震がきても自分のマンションは無事だった」という事態を潜在的に望みがちなのです。もし何十年も地震がこなければ、地震対策に高額のお金を支払った自分の選択は、正しくなかった、と感じるハメになるのですから。

つまり、地震をひそかに渇望し始める。かくして、もともとは「悪い」とゆがめていたはずの雨や地震も、ひそかに「良い」にゆがめ直してしまうまでに、この脳は自分さえ正しければよいというわがままさんなのです。

59 言いたいことが言えない、小心者の胸のうちとは

十日間にわたる坐禅瞑想の合宿をお寺で指導しておりました初日のことです。参加する生徒さんたちの集まる本堂に向かいましたら、私の使う坐禅用の坐布《クッション》が見あたりません。

ふむーぅ、どうやら、三、四個ほどある余分な坐布も含めて、そこに置かれていたものを、生徒さんたちが見つけて使っている模様。

そこで筆者に、小心者の迷いが生じました。「うう、一個は自分のものだから、返してほしいなー。けれど、そう言ってしまうと、その坐布を使っている人を、とても恐縮させてしまいそうで悪いしなあ」と。

その結果、「ま、いいや」と考えるのをやめて、新しい坐布を一個注文し、翌々日に届くのを待つことにしたのでありました。

さて、後になって気づいたのですが、「相手を恐縮させないように」というキレイゴトの裏に、人目を気にするおびえが隠れていたのです。すなわち「自分の坐布を返してほしがるなんて、ちっちゃな人物であることよ」と、マイナス評価を受けるのでは、と。

なるほど。このようにして、自然体でふるまえず、言いたいことが言えなくなるのだな、とあらためて学習した次第です。実際は、率直に「返してね」と言ったところで、誰もたいして何とも思わないでありましょうに、心が他者の視線を大げさに見積もっている。それを早く自覚していれば、素直に嫌みなく、お願いをしていたことでしょう。

それをできなくさせる私たちの小心さ。他者からの承認を失いたくない欲ゆえに、いやいや「良い子」を演じてしまうのです。

そこで次項では、もっと大胆になる道を探ってみましょう。

60 隠れた自己愛を自覚すれば自然体でふるまえる

住職をしておりますと、寺への突然の来客はしばしばありますし、拙著の読者がいきなり悩みの相談に見えることもあります。悩ましいのは、筆者も仕事や修行に時間が必要ななか、どのタイミングで対話を終了するか、ということです。それで、ふと思い起こされるのは、子どもの頃、電話を自分からは切れなかった記憶。

「ここでバイバイしたら、感じ悪いかな……」と心配してドキドキしてしまい、「そろそろ切りたい」と思いつつ、いつまでも話していたものです。相手を傷つけぬように、と見せかけて、しかし、心の根っこのところでは「相手を傷つけて、マイナスの印象を持たれたくない」という自己愛がうずいていたのでした。

今も、来客に「ではそろそろ」と切り出すとき、居心地の悪さを感じることもあります。けれども、そのえたいの知れない罪悪感のようなものの正体は、相手に嫌われたたくないという、自己愛=承認欲だと見破るようになりました。

「あ、なーんだ。自己愛で良い子ぶっているだけか」と、正体を見破ってやると、えたいの知れない罪悪感は晴れる。風通しよくスッと席を立ち、「今日はもう、まいりましょうか」。そうサラリと言って、お帰りを促せばよい。

こういった機微に無自覚なままだと、たとえば頼まれごとをされたとき、嫌なのに相手の目を気にして断れなくなりもします。そうなる前に、頼まれたときに一瞬走る、えたいの知れぬ罪悪感を見つめてみましょう。

すると「断ったら承認されなくなる」というおびえが見つかるはずです。大丈夫、したくないことは大胆に「できない」と伝えたほうが、裏表がないぶん相手にとってもかえって気持ちよいものだったりすら、するのですから。

㉑ その場しのぎにイエスと言わず、「少し考えさせて」と保留する

「『いいよ、任せてよ』と言葉だけ調子よく、いざ頼まれたら『今週だけは忙しくて……』などと言い訳して逃げる人。こんな人は、友ではなく友だちモドキと心得よ」

これは『六方礼経《ろっぽうらいきょう》』に残る、釈迦《ブッダ》の古い言葉です。他人の目を気にして嫌われぬように調子のよい安請け合いをしがちな、我ら現代人をドキッとさせはしないでしょうか。

いやはや、相手の承認を取りつけたくて、その場しのぎにイエスと言った後で、冷静に考えると「やっぱりやりたくない……」ということは、よくあることでしょう。うーん、少なくとも私には、けっこうありますねぇ。

なおかつ「やっぱりできません」と正直に伝えることもできない臆病さに負ける場合、「急な仕事が入り忙しくて」などと（たいていは嘘の）言い訳までするハメになるでしょう。

安請け合いも、嘘の言い訳も、どちらも他者からの承認を保ちたいがゆえに、本心を伝えられないままにやってしまうものです。

その結果「友だちモドキ」の不誠実な人となってしまい、まさに相手からの承認を失うかもしれませんのに。そのうえ「やりたくない」という本心が伝わらないせいで、次からも頼まれたり誘われたりが続き「あー、もう！　どうしてわかってくれないんだろう？」と思うかもしれません。が、嫌われるのを怖がりすぎて良い人ぶる、自分の蒔《ま》いた種なのです。

勇気を出して、もっと正直に。せめて、すぐにイエスを言わず「少し考えさせて」と保留するとか。それでもうっかり安請け合いして後悔したときは、思い切って伝えるといい。「君に気に入られたくて、ついオーケーしたけれど、考え直したら気が進まないんだ、ごめん」と。

⑥② 「人から失望されてもかまわない」という勇気を持つ

筆者がまだインターネットを使っていた頃、人のホームページやウェブログにこんな言い訳の表現を見かけることが、ときどきあったものでした。

「最近、忙しくて、更新できなくてごめんなさい。もう少しして時間ができたら、もっといろいろ更新する予定です」などと、罪悪感とともに。

さて、よくよく考えてみますと、個人ホームページの運営は元来、仕事でやっているわけでもないのですから、更新したければすればいいですし、したくなければしなければいい類いのものです。それなのに、「そろそろ更新しなければ」とか、「まだ更新できていないのは期待に応えていないから、お詫びを書いておかねば」と、妙な義務感に圧迫される理由は何でしょうか。

それは「こんなに長い間更新しないと、訪問するたびに同じ表示が続くことに失望した人たちが、今後は見にきてくれなくなるのでは」という恐れがあるからでしょう。素朴に、がっかりされることへの恐れと申してもよさそうです。見捨てられたくない、という執着。

その恐れゆえに、更新することは、「書きたい」という意欲から「書かねば」という重圧へと転化しがちなのだと思われます。

短文で気軽につぶやけるシステムが流行するのも、この重圧から逃れて気楽に書けるようにしたいがゆえで、同じ恐れが裏にあることに変わりはなく、問題を隠しているだけです。

「更新しなきゃ」という重圧を感じたときは、まずは自らの恐れに気づいてあげましょう。そして「がっかりされてもいいや」と勇気を出して、しばし放置してみては。自然に「やりたい」と意欲がわくまで気長に待てば、楽しく続けられるものです。

63 常に「この意志も感情も一時的なもの」と念じて行動する

夜のうち、あんなに夢中になって恋文をしたためたのに、朝起きて読み直してみると気恥ずかしい。そんな体験は、誰もが持っているものです。あるいは「こんな職場は大嫌いだ。今度こそやめてやるッ」といきりたっていたはずが、次の日には未練が心を支配している、とか。

私たちの感情は、ことほどさように不安定なので厄介なのです。今の例ですと、陶酔した恋文をまだ出していなかったり、まだ退職を公言していなかったりであればよいのですけれども。すでに行動に出てしまっていたなら、後悔するハメになるのですよね。

こうして感情が不安定に流動するのは、ある意味仕方ないことです。なぜなら、ひとつのことに対して同じ感情のみを持ち続けることは、私たちの心にはできないのですから。

どんな対象でも、私たちに対して都合のよい面と都合の悪い面を持っています。そのよい面を見るとき（悪いほうが見えなくなり）うれしくなり、悪い面を見るとき（よいほうが見えなくなり）イライラする。けれども、見えていないほうは潜在化しているだけで、条件が変わると、必ず良し悪しは反転するのです。

私たちの意志は、決して一定に保てないということ。これが、狭義における諸行無常ということです。諸（すべての）行（意志は）無常（一定しない）、と。

意志、感情が必ずや変動してゆく以上、感情Aにとらわれて行動すると、感情Aが残っているうちは満足でも、やがて感情Bに変化したとき後悔や苦悩が生じるのです。

「この感情も一時的なもの」と念じ、軽率な筆者も慎重を期すように戒め直したいと思います。

64 「〇〇な自分」という自我イメージを持つと苦しくなる

坐禅瞑想を習いにくる生徒さんたちから、時折、笑い話のように耳にする定番の話題があります。それは、家族から「あなた、仏教とか瞑想とかしているのに、前とたいして変わってないじゃない」と非難されると、ムカッとなってついつい言い返したくなるよね、といったものです。

筆者の身近な人たちにとっても、筆者をやり込める必殺技は「仏教を説いているくせに、言っていることとやっていることが違うじゃない」というものですから、なるほど同じだなあと、ほほえむ次第であります。

さて、この手の指摘にダメージを受ける理由は、この場合なら「仏教によってより良くなっている自分」像への、執着があるからです。別の例も考えてみましょう。「発想力のある自分」像への執着があれば、今ひとつ良い発想が出ないときや、他人から発想をけなされたときに受けるダメージが、大きくなります。

つまり、私たちは「○○な自分」という自我イメージをつくった瞬間から、そのイメージに反する情報を見たり聞いたり考えたりするだけで、自我を脅かされ、苦しむハメになる。常に「○○な自分」と、自信満々でいられる（つまり諸行無常でない）なら、仏教など不要になりそうですが、前項で記したように心は諸行無常です。「自分は○○である」と自信を持った途端に、その自信と「自分は○○じゃないのかも……」と反対面が気になり苦しむこととの間を、誰でも必ず行ったり来たりする定めなのです。

かくして「○○な自分」というアイデンティティーを打ち立てることこそ、実は不安と苦しみのもとなのです。仏教ではその我執を有愛《うあい》と名づけて、手放すことを推奨します。そう、「仏教をしている、前より良くなった自分」という自我イメージすら有害なのですから、手放してしまいましょう。

65 心のこまやかな変化を見つめればイライラから抜け出せる

本項を記す前夜、筆者にはしばらくぶりに腹立たしい出来事があり、うっかりイライラを反復していますと寝つけなくなり（いやはや）、それからようやく我が怒りを見つめ、受け止めようとし始めたのでした。

それまでは切れ間なく怒りが自分を支配していたように見えます。ですが、面白いことに、自分の怒りを観察し始めますと、それ以外の感情が多数混ざっているのが見えてくるものです。たとえば「一時間くらいは怒っていたなあ」と悔やむ思いや、「明日起きたら仕事しなきゃなあ」と未来へ走る思念、などなど。

それらを経てから、再びとらわれの強い感情（この場合は立腹）が現れる。ただし、心は「怒っている自分」という自我イメージを固定したがり、強い感情のみを記憶して弱い感情を無視して忘れるため、同じ感情が持続していると錯覚します。

つまり、実際の心は一瞬一瞬、変動する（無常である）のに、自我はそのうちの目立つもののみに気を取られ、いわば変化がなかったことにして、一色に塗りつぶしてしまうのです。

裏返しますと、強く反復する怒りの合間に、別の弱い感情が入ってくることを見つめると、怒りが永続していないことに気づく。すると「怒っている自分」という確固たる自我イメージは崩れ、楽になる。悲しみが続くときも、その合間に「あ、天気が良いな」といった別のことを思う自分に気づくと、抜け出せます。

この脳には、ものごとを雑に見て情報を一色に塗りつぶす癖があります。それに抗して、こまやかな変化、心が無常であることに気づくよう、意識の解像度を上げるお稽古をすることです。「無常を智慧《ちえ》によって体感すると、苦しみから離れ心が清まる」（『法句経《ダンマパダ》』二七七偈）と。

第四章

せかさない

⑯坐禅瞑想で、鈍感になった脳をリセットする

コタツに座って執筆している今、カーテンに差し込んでいる曇り空の薄明かりが、複雑な色味を帯びてずいぶん新鮮なものに見えています。

つい先ほどまで坐禅瞑想をしていて、目を開いてしばらくの間は、カーテンの光もひだの具合も、床の木目がところどころ異なることやその濃淡なども、まるで生まれて初めて目にしたもののように、新鮮なものとして心に小さな感動を与えるのです。

私たちの脳は、「このことを、自分はもう知っている」と判断したものに対しては、情報を大胆に省略する癖を持っており、それは仏教で「無知」と呼ばれる煩悩に相当します。無知の強い力のせいで、見飽きたカーテンの光は単純化され、いつも踏んでいる部屋の床の感触は省略され、いつも目にする家族の表情の変化は見過ごされるようになり、結果としてすべての世界認識が粗雑なものとなり、つ、ま、ら、な、く、なるのです。

かくして、微妙な変化に鈍感になることは不幸への道。しかしながらいかんせん、現代では音楽も物語もネット情報も強烈で大味な刺激に満ちていて、それに慣れますと、脳の神経がさらに、細かい変化に対して鈍感になります。

ひるがえって、仏教の瞑想は心を快・不快から離し中立的な身体感覚に意識を向けることを基本とするため、続けているうちに強い刺激の入力が休止することで、脳神経がリセットされて、再び鋭敏になるのでしょう。

脳は細かい変化（＝無常）の世界を勝手に単純（＝常）化して、現実を「自分にとって」の主観的な像に変えてしまうので、非常に非科学的な見方をする傾向にある。ひるがえって仏教は、脳に省略をやめさせ、ありのままに細かく分けて見る点において、科学的なものなのです。

67 ものごとに集中するには、頑張りすぎず、だらけすぎず

釈迦《ブッダ》の弟子の一人に、出家前は大富豪の息子だったソーナという青年がいました。甘やかされ贅沢《ぜいたく》に育てられてきたことを恥じたソーナは、ろくに睡眠も取らず、体がボロボロになるほど、死にものぐるいで瞑想修行に打ち込むのですが、修行の境地はいっこうに深まりません。

「こんなに自分に厳しく頑張っているのに」と落ち込むソーナを察した釈迦は、こんな問いを投げかけます。「ソーナよ、君がハープを弾くとして、調弦で硬くしすぎたり緩くしすぎたりしたら、良い音色がするだろうか」と。「いいえ」という答えを待って、「それと同じで、瞑想修行も頑張りすぎても、だらけすぎてもうまくゆかぬもの。君は頑張りすぎの邪精進に陥っている」と指導したのでありました。

それ以来、ソーナはほどよくリラックスして修行に取り組むようになり、悟りを開い

たと言われます。

さて、現代人は一般に「頑張りすぎ」のように思われるのですが、それは何らかの欲望を追求するのに必死だからです。欲望が強く働くとき自律神経のうち興奮や緊張に関わる交感神経が優位に立ちます。

思うに、ソーナも「立派にならなきゃ」という欲望が強すぎて、交感神経が優位になり過剰興奮していたため、瞑想の精神集中がうまくゆかなかったのでしょう。心を安定させ集中させるには、ほどよい緊張感とリラックスが同居している、つまり交感神経と副交感神経がバランスよく活性化している必要があります。

通常、頑張りすぎか、だらけすぎか、どちらかに極端に傾いて自律神経のバランスを崩しがちな私たち。その両極の間にある細い中道を、ソーナの例から学ぶことができそうです。

68 悪い結果が出ている「こだわり」ほど、手放すのが難しい

こだわり（つまり執着）を手放すことを、常日頃から人様に説く立場にありながら、もちろん筆者もいろいろな執着にとらわれており、それゆえ失敗もままあるものです。

たとえば、こんな失敗談。十年強にわたって菜食を続けて精進料理の自炊をしてきたのですが、一昨年頃から筆者の場合、栄養失調とおぼしき症状が出始めてまいりました。周囲に心配されるほど痩せ、体温が低下して強烈な冷え症に悩まされたのです。

そこで動物性の食品をとるよう勧められたのですけれども、第一のこだわりとして肉・魚は食べられません。第二のこだわりとして乳製品や卵も食べたくなく、そうこうするうちに多忙さも加わり体調が徐々に悪化してしまいました。

「自分は菜食なんだ」という自己像《イメージ》への執着を抱いていますと、それが悪い結果を出しているのを認めたくなくなるものです。……自己像の正しさを守りたいがために。

もともとは、心身を整え瞑想しやすいようにと継続してきた食生活ですのに、まさにそのせいでふらついて、瞑想しづらくなっているのを認めざるをえなくなったとき、ようやく、こだわりを半歩手放して無精卵とヨーグルトを食べる気になったのでした。おかげで最近はすっかり元気。うーん、卵焼き、おいしいですね（さらに、本にするためにこの原稿を加筆修正している時点では、週に何度か日を決めて、お魚をいただくようになりました）。

自己像への執着はそれに応じた思考や見解とくっついていますから、その執着を手放すに際しては、自分が愚かだったことを認めねばなりません。それには「自分は正しかったんだ」と思いたがるプライドがうずき、苦痛が伴うものではあります。

次項では、釈迦《ブッダ》の言葉から見解を捨てる勇気を学んでみましょう。

69 「どうでもいいことで不毛な言い争い」の愚を避ける

何げなく、誰かの悪口を言ったといたしましょう。たとえば、「あの人はいつも、強引すぎて他人の迷惑を考えないから嫌なんだよね」と。

聞いている相手が「そうだよね」と返していれば、そのまま忘れるほどに、元はたいして重要な発言ではなかったはずです。

ところが、こう返されると、どうでしょう。「でも、あの人は皆に良かれと思ってやっているのだから。本当は優しい人なんだよ」などと。

「強引である」「本当は優しいのである」という双方の見解が相反するため、互いに自分の見解が否定されているように感じてムッとし、ムキになりがちなものです。「優しいだって？　冗談じゃない。こちらが嫌がっているのに、良かれと思うからやるなんて、傲慢すぎるんだよ」なんて。

かくして、第一声では重要度ランキングが七十位くらいにすぎなかった見解は、反する見解をぶつけられると急にランクアップして、あたかも世界一大事なことのごとき様相を呈し、互いに相手を言い負かそうとして不毛な言い合いが果てしなく続きます、あいやー。

釈迦《ブッダ》は『削減経《サツレーカスツタ》』において、「他の者は見解を捨てられずにいるが、我々は見解をやすやすと離れられるようにと修習しよう」と、説いています。

見解のぶつけ合いになって心穏やかでなくなる前に、内省してみましょう。「ああ、どうしても言いたいほどのことでもないはずなのに、見解の正しさを守ることにムキになっている」と。そうして、自分の見解は保留して、相手に「そういう面もあるね」と譲れる勇気と余裕を保ちたいものですね。

⑦⓪ 自分の見解を変えるとき、なぜ疚しく感じてしまうのか

前に、生粋のベジタリアンだった筆者が、卵を食べるように姿勢を軟化させたという話を記しました。

それを読まれた何人かのかたから、「えー、卵を食べるようになったなんてビックリだね」という反応が寄せられ、はた、と気づいたことがあります。「卵焼き、食べるんですか？」などと聞かれて、「い……、いやはや、卵といってもウズラの卵で、極小サイズの卵焼きをつくって食べているので、量は多くはないのですけれどね」なんて答えるこの心には、何か疚《やま》しいことでもあるかのような具合なのです。あたかも「そんなに激しくは、信条を変えたわけじゃないんですよー」と言い訳したくなっているかのような風情に。

なるほど。自分がこれまで「好ましい」と考えてきた見解を、手放して軌道修正する

のが困難な理由は、ここにもあるのだとわかりました。すなわち、これまで「自分はこんな見解を持っている人です！」と印象づけてきたのに、それを変更するとなると、こんな心配がついて回る。「この人の見解はコロコロ変わって信頼できないから、今後はちゃんと聞かないようにしよう」と思われたらどうしよう、と。

おやまあ、そんな心配が心に隠れているからこそ、「いや、卵といってもウズラの小さなやつで……」なんて説明したくなるものであることよなあ。そう気づいてみますと、何らかの見解を言い張りたくなる理由のひとつに、「自分は間違えない人間だから、今後も言うことを信用してほしい」という欲望がありそうです。

見解のぶつけ合いから離れる鍵《ヒント》は、この欲望の取り扱いに関わっていそうですね。すなわち、「信用しなくなる人が出たっていいじゃないか、オッケー、大丈夫」と思ってみさえすれば、ずいぶん自由な気分になることでしょう。

⑦①
釈迦《ブッダ》は論争をふっかけられ「自分には見解がない」と答えた

「このボールペン、使えないから捨てるね」。そう家族に申しましたら「え？　まだ使えるのにもったいない」という言葉が返ってきます。

その口調にかすかな非難が含まれていることに身構えつつ、「いや、ほら、インクがもうないから書けないんだよね」と示して相手が納得した際に、筆者の心にちっぽけな「勝利感」が生じているようでした。

それは、口には出さないまでも、「ほら、だから私の言った通りだったでしょう」という、定番の嫌みなセリフに似た気持ちです。「ほら、こういうとき、私のほうが正しい見解と判断を抱くのだから、次から意見がくい違ったときは、私の言うことを受け入れなさい」とでも、相手をねじ伏せたい思考ゆえに。

そう、この場合なら、ボールペンのこと自体はどうでもよく、互いに「自分の見解は信頼がおけるものなのだッ」ということを、相手に思い知らせて、今後を有利にしたいのではないでしょうか。

こうして私たちは愚かにも「だから言った通りだったでしょ」の「勝利宣言」をしたくなるのですけれども、それでは相手は気分を害するだけで、「次回からは信頼しよう」とは決して思ってはくれません。あれまあ。

釈迦《ブッダ》は『経集《スッタニパータ》』において、説いています。「自分の見解が勝っていると執着して、自分の見解を上に見るなら、それ以外のすべてを『劣る』と思うようになる。ゆえに、人は論争から抜け出せないのだ」（第七九六偈）と。

釈迦《ブッダ》は論争をふっかけられても、「自分には戦わせるべき見解は何もない」と答え、言い負かそうとしなかったからこそ、勝る・劣るという勝負を抜け出していて、論敵に感銘を与えることもできたのでしょう。すなわち説いていわく、「自分の意見に執着して議論をふっかけてくる人がやってきたなら、こう返して肩すかしをくわせるといい。『議論に応じる者は、ここにはいない』」と（第八三二偈）。

㉗ 相手のほうが間違っている証拠があっても追いつめない

「自分を他人より勝るとか劣るとか、等しいとかと思わないように。……いかなる見解をも、心に持たないように」。これは、前項で紹介した釈迦《ブッダ》の言葉に続く部分です。

この文の流れからすると釈迦《ブッダ》は、人は他人に対する優越感を求め、劣等感に腹を立てるがゆえに、自分の見解にこだわって言い争うのだということを喝破していたのでしょう。

自分の有力さや有能さを実感したいという衝動ゆえに、私たちは「自分の見解は正しく、あなたの見解はおかしい」と思いたがるバイアスに、いつもとらわれているのです。

こんな、ありがちなケースを考えてみましょう。「これ、やっておいてってお願いしたのに、どうしてやってくれていないの？」「いや、そんなこと聞いてないよ」「ええ?! この間はやってくれるって言ってたのに」「はあ!? そんなの初めて聞いたし」……こんな、水かけ論。

この論争に負けると、自分が劣った者というイメージになりかねないからこそ、互いにムキになりがちですよね。内心「あなたはいつも勘違いばかりなんだから今回も……」などと思っていたりするものでして、「自分が忘れて勘違いしているのかも？」とは思わないものです。「正しいのは自分であるはずだ」と考える楽観性（？）が、脳の基本発想なのでありましょう。

このケースですと証拠がないため水かけ論で終わるのですが、ある意味さらに厄介なのは、不運にも証拠が出てきて相手が「敗者」と確定した場合です。たとえば、交わしたメール履歴を見れば、どんなやりとりがあったか確認できてしまいますでしょう。それで自分が正しかったとわかったなら、うれしくて相手をやっつけたくなるでしょう。が、そうして追いつめるのは相手を傷つけて、互いの関係をこそ破壊してゆくことになります。「敗者」をさらに追いつめるなんて品性のないことと、思いとどまりたいものです。

73 人前で相手の欠点を言い立てるのはひきょう

ふだんは相手に言わないように抑制している小言を、第三者がいるときだとなぜか言いやすくなり、冗談めかすふりをしてうっかり言ってしまうことは、ありませんでしょうか。たとえば、来客に対してパートナーが失礼なものの言い方をするのをとらえて、「この人が嫌な言い方をしてごめんなさいね。ほら、あなたって私に、いつも、わがままで失礼な言い方をするんだから」といった具合に。

この心理を考察してみますと、1対1で言うと互角になってしまうのに対して、第三者を自分と同じく相手を裁く味方につけ、2対1の優位になるのを狙っているように思われます。これではあたかも多勢に無勢の、弱い者いじめのごとき様相を呈するうえに、人前で欠点をさらされて恥をかかされた相手は、悲しみや怒りに陥るのがオチです。

近しいかたと旅館へご一緒した折のこと。そこの女将《おかみ》が「この料理は本来、室町時代にはごちそうだった肉、魚がメインなのですが、今回は野菜だけお出ししますね」と説明された後に、そのかたがふと、質問したのです。「へー、室町時代にも野菜だけ食べていたんですねえ」と。おやまあ、聞いてない。

「う……、この人、聞いてない」という女将の表情を見つつ、筆者はつい言いました。「もう、あなたときたらい・つ・も人の話を聞いていないのですから、いけませんぞ」と、冗談めかした声色で。

冗談めかしたつもりでも、やっぱり人前で欠点をさらして、2対1はひきょうな所業でありまして、相手を傷つけることにしかなりません。数分経ってから、言われました。「私、たしかに人の話をちゃんと聞かんけど、『話を聞かん』って、責めんといてな」と。あいやー、人に恥をかかせてはいけないと、戒め直した次第です。

⑭ 手仕事をせず頭ばかり使っていると思考が鈍る

中国における禅寺の生活規範「百丈清規《ひやくじようしんぎ》」を定めた百丈和尚。彼は、自分が定めたルールに従って、老齢になっても鋤《すき》や鎌を手に、お寺で作務《さむ》と呼ばれる肉体労働をやめることはなかったそうです。

けれど弟子たちは、こんなふうに考えたに違いありません。「立派なお師匠さまに、こんなつまらぬ仕事はふさわしくない。もうお年で弱っているのだから、畑仕事はやめてもらいたい」なんて具合に。

弟子たちは百丈に、作務をやめるよう勧めるのですが、彼は黙々と日々、働きに出ます。心配した弟子たちがある日、作業の道具を隠してしまう。それで百丈はその日の作務を休んだのですが、食事もしませんでした。「なぜ食事をなさらないのですか？」と弟子が問えば、百丈は「一日働かなければ、一日食べない」。

この「一日不作《なさざれば》 一日不食《くらわず》」にはさまざまな解釈がありえますが、ここでは「肉体労働をしないとお腹がすかず、ご飯が美味しく食せないから、いらなかっただけでは？」と、あえて即物的に考えてみましょう。

筆者は一時期、多忙になりすぎて頭を使う仕事ばかりに追われていた頃、畑仕事やＤＩＹをスタッフに任せきりにしていたら、考えすぎで思考は鈍りぎみ、味覚も今ひとつに。頭を使う仕事を減らし、単純な動作を反復する畑仕事に夢中になる時間を増やしましたら、頭はスッキリ、食事時の味覚も鮮明になるったら、ありません。

会社員、経営者、主婦、学生、どんな立場でいらっしゃるにせよ、いたずらに頭を使うばかりで混濁しないように……、単純作業を人に全部やらせてしまうのはもったいないですから、率先して取り組んでみてはいかがでしょう。

⑦⑤「いざとなれば今の立場も捨てられる」と思えば頑張れる

人類の教師として世界史に名を残した釈迦《ブッダ》も、もとを正せば妻子と国を捨てて家出した青年王子でありました。『増支部経典《アングッタラニカーヤ》』三集では、若き日の彼の悩みが回想されています。

「若いはずの自分がいつか老いるなんて！」「健康なはずの自分もいつか病むなんて！」「元気に生きている自分もいつか死ぬなんて！」。これらの悩みに直面し、「『自分は若いし健康だし生命を謳歌《おうか》している』という、とこれまで持っていた自信は崩壊したのだ」と述懐しているのです。

現代人の平均的感覚からすると、ずいぶんマニアックなことで悩んでいるなあ、と思われそうです。「今が裕福で若くて健康で楽しければ、ＯＫなんじゃないの？」と。

けれども、きっと完璧主義すぎたに違いない彼は、それではダメだったのです。若さや健康や生命が、永続してくれる、つまり完璧なものであるならば良し。が、いつか失われる不完全なものにすぎないなら、究極の頼りにはならない。いわば、「若さも健康も快楽も、永続しない不完全なものにすぎないなら、いっそいらない！」とばかりに、老、病、死への恐れを超越する研究修行をすべく、家出をしたのです。いやはや、家族には大迷惑ですねえ。

さて、彼には部族の次期首長としての重責があるのですから、もしも家出した彼が悟りを開いて偉大な人物になっていなければ、誰もが彼を無責任なバカ者、と後ろ指を差していたことでしょう。それをも恐れず出奔した姿に私たちも、「今の自らの立場だって、究極的には捨てて別の人生を歩んでもいいんだよね」と教えられます。

必ずしも離職や離婚や家出を勧めているわけではありませんが、「いざとなれば捨てられるんだから」と思えば、もう少しなら頑張れるかもと、心に余裕が生じるのです。ええ、私も（……と、この文章の執筆時に私が念頭に置いていたかたとの関係は、その後、頑張ったなりに流れの中で、結局はいやおうなく幕引きになってしまいましたけれども、ね）。

76 「こういう自分でありたい」と渇望するから苦しくなる

釈迦《ブッダ》は、満たされぬ渇望感こそが、人の苦しみの元凶と見抜きました。

「あれがほしい」。なのに手に入らない。それは比較的単純な苦しみなのですが、『大念住経《マハーサテイパッターナスッタ》』では「こういう自分でありたい」と思うせいで、そのようになれないときに苦しむのだと、説かれています。

誰もが自分なりに、「こういう存在でありたい」という思いを持っているものです。「みんなに親切な、すてきな自分」「明るい自分」「面白い自分」「成功者の自分」……。

さて、問題は、そのような存在欲求を常に満たし続けることは、絶対に不可能だということです。親切で明るくできるときは「自分ってやっぱりこんな存在」と思えて気分が良いでしょうけれども、心の調子は変動する（＝無常である）ため、明るくできないときや、親切にできないときも、必ずや訪れます。その都度「こうありたい」というイメージが傷ついて、イライラすることになる。つまり苦しみになるのです。

あるいは、「面白い人」や「成功者」になったつもりだとしても、その自己イメージを実感できるのは、あくまでも前よりさらに成功したときだけです。前と同じレベルを維持するだけでは、慣れてしまってつまらなくなり、不満になる。

すると、「こうありたい」という思いは、①心が変動して「こうあれない」苦しみに襲われるか、②一時的に「こうあれた」としても心が慣れてしまって苦しくなるか、いずれにせよ一〇〇パーセントの確率で苦しくなる……、という欠陥を抱え込んでいると申せそうですね。「こうありたい」という存在への渇望感こそが苦しみを招くのだと知って、ためしに「こう……じゃなくてもいいか」と、ちょっと存在欲求を緩めてみると、心が安らぐのです。

77 過去の自分を過剰に否定せず、淡々と冷静に反省する

本書の後半では、折に触れて自分の失敗談や情けない話を取り上げて、煩悩を分析する試みをおこなっております。

ところがなかなか難しいのは、しばしば次のような気分になりかねないところです。いわば、「自分にはこんな失敗があったが、今はそれを自覚している分だけ、いいでしょうッ！」と開き直るような。あらら。

言い換えると、「自分は間違っていた」と過去形で認めることはできましても、「『間違っていた』と認められる今の自分は正しい」といった具合に、最新の自分の判断は常に正しいと思い込むよう、この脳に煩悩がセッティングされているのです。

具体的に考えてみましょう。たとえば辞職して再就職した人が、前の職では人から評価されることを大事にしすぎて自分を見失い、「今までは良くなかった、新しい職では

一人淡々とやっていこう」、と反省しているとしましょう。問題は、今の改まった考えを正しいと思いたいあまり、前の職や前の考えを、過剰に否定したくなりがちなことです。

ゆえに、他人から「前の仕事をしていたとき、あなたは輝いて見えたけどねえ」と言われると、「いいえ、あのときは本当は自分を見失っていて！」などと感情的に、過去を葬りたくもなるものです。

なおかつ、過去の自分のように人の評価を気にしている人を見ると、「新しく変わった自分は間違っていない！」と自己暗示をかけたいがために、その人にたいして、「人の評価を気にして、自分を見失わないようにしなきゃいけませんよ！」なんて、小うるさい説教をしたくもなることでしょう。反省がまさに邪魔をして、冷静さを失っているのです。

「新たな考え方も正しいとは限らず、どうせ諸行無常で、考えもまた変わるのだから」と、今の自分をこそ相対化したいものです。

78 失敗しても無心なら爽やか、言い訳をすると見苦しい

およそ十年ぶりにカラオケなるものに参加する機会がありました。歌の上手な、お寺の総代さんをはじめとした参加メンバーが、味わい深い演歌などを歌われるのに耳を傾けつつ、筆者も数回マイクを手にした次第です。

平素、まったく音楽を聴かない生活を送っているものですから何を歌ってよいものやら、と唱歌の「てるてる坊主」や子守唄を選んでごまかしていたのですけれども、ついついへまをやらかしてしまいました。

他の人が現代のポップ音楽を歌ったのをきっかけに、「意外と現代的なものも知ってるんですよ」というアピールでもしたい慢心にかられたのか、うっかり椎名《しいな》林檎《りんご》の「やっつけ仕事」という、昔好きだったロックな曲をセレクトしてしまったのです。ところが、いざ歌い始めてみますと、メロディーを忘れているうえに、「嗚呼《ああ》　機械になっち

やいたいのに」などの独特の歌詞が恥ずかしく思われ、まともに歌えません。そこで、「もう忘れてしまって」「昔は好きだったんですけど、今はそうでもないみたいです」「おかしいなあ」「あれ？」などと、今にも言い訳を口走りそうになるのを、手放すのが大変でした。

何事も、失敗しても無心にやっていれば爽やかなのですが、言い訳し始めると、途端に見苦しくなります。「本当なら自分は、もっと立派なんですよ！」と叫んでいるのと同じなのですから。「うう、言い訳したい……」の欲と格闘しつつ、かろうじて無言のまま、調子っぱずれの歌を歌い終えたのでありました。ふー。

その心にあわせて『経集《スッタニパータ》』を自由訳してみましょう。「自分は劣っていると恥じたり、もっと立派だと操作したり、「今の自分のレベルはこんなものだ」と確定したがる、自尊心を離れよ。自分について何のイメージも思い描くことなく、ゆったりと安らっているように」と（第九一八偈）。

⑲ 被害者ぶって人を責めることは自ら苦しみたがることと同じ

ある日、新宿駅の窓口にて新幹線の切符を買おうと並んでおりましたら、左隣の男性が何やらいきり立って、怒鳴っているようでした。

耳を傾けてみると、彼は電車の遅延が原因で仕事上の用事に間に合わなくなったと怒っている。「俺がお前らのせいで困っているのに、その『仕方ないでしょ』みたいな事務的な態度は何だ！」と。

怒りの背景には、「こんなにかわいそうな被害者の自分なんだから、特別に優遇されてしかるべきだ」という発想が隠れているのがわかります。我が国ではいつの頃からか、誰しも被害者ぶるのが大人気になってしまったように思われます。その理由はもちろん、被害者として認められれば、自分を有利な立場に置くことがかなうからです。

かくして「あなたの言う通りにしたせいで、ひどい目にあった」「浮気するなんて本当にひどいッ、傷ついた」、果ては「この社会のせいで、自分の才能が活かせない」と、被害者ぶってしまうのです。ちなみに「あなたの言う通りにしたせいで」と責める発言は、実は筆者が最近してしまったことであります。何らかの被害はあるにせよ、「加害者」と決めつけた相手に罪悪感を植えつけることで、自分に都合のよいように相手を操ろうという思惑が、そこにはないでしょうか。

けれども、被害者ぶって「自分ってかわいそう」と思い込む快楽が癖になってしまいますと、傷つくことが大好きになってしまいかねません。ちょっとしたことですぐ「傷ついたッ」と苦しみたがる私たち現代人は、まるで、釈迦《ブッダ》が否定した苦行に夢中であるかのようです、ね（にっこり）。

80 「早く自分を変えたい」と心をせかすのは逆効果

私の育った山口市嘉川という田舎町では、道路の歩行者用信号機が押しボタン式になっている場所が多いのです。子どもの頃、「押しボタンを上手なタイミングで連打すれば、信号が早く変わるらしいよ」という、まことしやかな噂がありました。私たち子どもは、信号が早く変わってほしくて、そのボタンを連打したものでした。……連打したところで、信号が変わるまでの時間に変化はないようなのですけれども。

思うに、私たちはそれに似たことを、心の領域でやってしまいがちなのではないでしょうか。たとえば、仏教を実践し心の平静さを成長させたい、と思っているとしても、いざ瞑想に取り組み始めると、すぐにイライラ、ソワソワしがちなものです。それは、「心よ、平静になーれ」というボタンを押したのに、すぐに心の信号が変わってくれないため、イライラして「早く、早く」とボタンを連打する姿に似ているように思われます。

ところがあいにく、心とは「早く変われ」とせかすと、緊張を強いられストレスだらけになるため、押しボタンの連打は逆効果になってしまうものです（おや、まあ）。やる気が出ないとき「早く、頑張らなきゃ」と何度も自分を奮い立たせると逆効果になるのと同じことですね。

釈迦《ブッダ》は『法句経《ダンマパダ》』で「自分ですら自分のものではない」と説いています（第六二偈）。自分の心は、自分の思い通りに「こうなれ、ああなれ」とボタン式であるかのようには、扱えないということなのです。

「楽しくなーれ」とボタンを押してその通りになるなら、万人がいつも楽しくいられて、世界から苦しみは消滅するはずでありまして、そんな都合よくはゆかないので、生きるのはつらいのです。

変化の種を蒔いても、すぐに作物は収穫できないのですから、焦らずなりゆきに任せ、ゆっくり待ちましょうかねえ。

81 人を自分の思い通りに変えることはできないとあきらめる

前項で、釈迦《ブッダ》の言葉を引きながら、自分の心すら自分の思い通りにはならないと記しました。その言葉はこう続きます。「ましてどうして我が子が、自分のものであろうか？」つまり、どうして我が子が、自分の思い通りになろうか、と。

さて、相手が我が子である場合に限らず、誰かに働きかけて自分の思い通りにさせようとする（そして失敗する！）ことで、私たちはしょっちゅう苦痛を味わっています。

筆者の事例ではこんなことが思い当たります。近しい人がたびたび、私のやることをキツい言葉で否定するのが苦しく、「そうした否定の仕方はしないでほしいのです」と話し合い、「わかった」と納得してもらえました。ところがこうして「思い通りにできた」と錯覚して期待しただけに、その後も似たような言い方で否定されたときに、「結局、またか！」と腹を立ててしまったものでありました。

人を思い通りにできないのは、第一に、相手に思いを伝えると怒らせかねず納得してもらうことが困難なうえに、第二には、仮に納得してもらえても、相手も相手自身の心を思い通りには変えられない、という困難が立ちはだかります。怒りっぽい人が他人からたしなめられ、納得して「我が心よ、優しくなーれ」という心のボタンを押してくれても、すぐに優しくなるはずもないのです。

あいにく心は、自我の思惑とは異なる法則性に従って変化しますから、「優しくなりたい」と思っても、すぐに思い通りには変われない。人を変えるのは、このように二重に不可能なのだとあきらめて、相手を受け入れるか、それが無理なら相手から去るかして、困難を手放したいものです。

㉜ 他人は他人の内部の法則に従ってしか動かない

道場を移転し引っ越した先の古い家屋は建て付けが悪く、大量の虫が侵入してきます。山の中で、梅雨で湿っていることもあり、ダンゴムシのようなものがわんさか入ってくるのです。

人にそんな話をしていましたら、「それ、触ったら丸まるやつ？ 丸まらないやつ？」と聞かれ、丸まらないなあと答えましたら、ダンゴムシではないのだとか。ワラジムシといって、ダンゴムシより足が速く、より湿ったところを好むのだそうです。面白かったのは、「ダンゴムシならかわいいけれど、ワラジムシが入ってくるのは気持ち悪いね」と不思議な差別をされるものですから、その理由を聞いた際のお答えです。

「う〜ん」と少し考えてから、「触ると丸まるのは、思い通りにできる感じがかわいいんだと思う」と。あはは、と笑ってその場は終わりになったのですが、さて、この「思い通りにできる感じ」は、本物なのでしょうか。

たしかに、触ると内側に丸まるのですけれど、それはダンゴムシの自然法則性にかなっているがゆえに実現しただけです。裏返しますと、「手で触ることによってダンゴムシを反り返らせたい」と望んでも、それはダンゴムシの自然法則に反していますから、決して思い通りにはいきませんよね。

つまり、丸まることの法則性を私たちが知ったうえで、互いがその法則に従属しているだけのことで、私たちの意志（思い）通りに操れているわけではないのです。

ひるがえって前項に重ねると、人も同じ。他人は他人の内部の法則性に従ってしか動きませんから、それに反して「ああしてほしい」「ここを変えてほしい」と触っても、反り返ってはくれないのです。いやはや、残念。

83 人は生きている限り「満足しない」という苦を味わう

何もかも、そう、自分の心すら、意識の思い通りに操れない——。前項まで、繰り返しそのことを確認してまいりました。

『無我相経《アナツタラツカナスツタ》』を要約しつつひもといてみますと、「『私の心よこうなれ、こうなるな』と心に命じて支配することはできない」と説いた後、釈迦《ブッダ》は弟子に問いかけます。「そんな心は確固たる信頼の置けるものであるか、無常であり頼るに値しないものであるか？」と。「無常です、先生」の答えを待って、「無常なものは苦であるか、楽であるか？」「苦です、先生」と続きます（うーん、誘導尋問みたいですけれどねえ）。

これはつまり、「思い通りに支配できない」→「勝手に変動する」→「しかし意識には、思い通りでないと嫌だという欲があるため、不満足に陥る」ということです。ええ、よくよく考えてみますと、人生で究極まで満足がいって、「もう他に何もいらない」と完全なる心の平安にいたったことなどないはずで、どんなに良い人といても、どんな良い境遇を得ても、人は必ず「もっとここをこう変えたい」と感じ、不満足すなわち苦しみに陥ってきたはずです。

心は「幸せになりたい＝満足したい」ように設定されている一方で、自然に変動して（＝無常）、思いに従わない（＝無我）ゆえに、必ずや不満足に戻る（＝一切皆苦）仕組みになっているということ。絶対にかなわぬゴールを目指す不条理なゲームを、生きている限りやらされているようなものですね、トホホー。

釈迦はこうして、この人生というゲームが絶対クリアできない、いわば無意味な「クソゲー」なのだと見破って、ゲームそのものから半分降りることによってこそ、心の平安を見いだすことを勧めているのです。

84 「苦労が報われない」という無力感から逃げ出さない

道場の庭を一面、芝生で覆うことにしようと思い立ち、芝生の種を大量に買い込みました。種を蒔く土地をあらかじめ耕すように書かれていました。鍬《くわ》でせっせと耕し続けたところ、地盤が固いせいもあり、ほとんど丸二日間かかったのでした。

耕し終えて見渡しますと、いわゆる達成感というものがやってきました。ところが、種を蒔いてすぐ一週間くらい留守にせねばならず、「はじめは毎日水やりをする」という指示書き通りにできません。梅雨の雨降りを頼りにして出かけたものの、あいにくこのときは梅雨が不発だったこともあり、戻ってきた時点ではほとんど発芽しておりませんでした。ガーン。

まばらにポツポツとしか生えていない姿を見て、がっかりしたものです。「あんなに労力を投入したのに……」と。費やした苦労の成果が、目に見える形でわかると、私たちは達成感という名の有力感を得、苦労が報われないと、がっかりという無力感を得るのですよね。

たとえば仏道修行に打ち込んでも成果が出ないから嫌になる、とか、家族をこんなに愛してあげているのに感謝もされずに嫌になる、とか。

問題は、こうして無力感を味わい続けることに耐えられず、対象そのものを嫌いになったり、行為自体をやめたくなったりすることです。案の定、私もちらっと思いました。「ああ、もうガーデニングなんか好きじゃない。やめちゃおっかな」と。

けれども、「好きじゃない」というのは心がでっちあげた言い訳で、実際は無力感から逃げ出したいだけなのです。ああ、これは自分の存在感を確かめたい慢心の煩悩にすぎないなあ、とやり過ごして、投げ出さずに続けようではありませんか。

85 釈迦《ブッダ》は「愛着のある相手をつくらないように」と説いた

山口県には「利休まんじゅう」という名の、ひと口サイズの銘菓（のようなもの）があります。身近なかたがそれのことを「宇部まんじゅう」と覚えていまして、筆者は笑いながら、「実はそれ、利休まんじゅうって言うんだけどね」と訂正したのです、たわいもなく。

ところが、数分後に再び「宇部まんじゅうが……」とおっしゃるものですから、「宇部市でつくられた、利休まんじゅうのことだね？」などと遠回しに伝えてみたものの、その後も「宇部まんじゅう」のまま、変わりませんでした。うう。

これが、赤の他人を相手にした出来事でしたら、面白い間違いをする人だなあ、とほほえんで楽しめてしまうくらいの事柄にすぎません。けれども、なまじっか相手に対して期待がある間柄だけに、会話が通じないような寂しさ、ないしは無力感を筆者は感じたのでありました。

その内訳は、「どんなに介入しても、相手の思考に自分が影響を与えることができない。自分は無力なんだ……」というものでしょう。裏を返しますと、相手に影響力を行使することで自分の有力感を確かめたいからこそ、悲しくなったり寂しくなったりするということですね。

自分がさほど執着していない相手に対しては、影響を及ぼしたいという期待もないものですから、先述のように気楽なもの。相手に対する執着がひそかにあるせいで、私たちはかえって苦しむハメになるのです。

そこで想起されるのが『法句経《ダンマパダ》』です。「愛着のある相手をつくらないように（第二一一偈）。相手の存在が君の愛着に反することは、苦しみをもたらすのだから」と。アイタタタ。

86 目の前にいても「愛しい相手」は絶えず失われている

前項で、『法句経《ダンマパダ》』の言葉を、ずいぶん自由に訳しました。もとの言葉は、「愛しい者をつくらないように。愛しい者が失われるのは、苦しみとなるのだから」というものです。

ここで、「愛しい者が失われる」というと、通常は「やがて相手と仲たがいして別離する」とか「いつか死に別れる」というように、ずっと未来のことのようにイメージされがちなものです。筆者も高校生の頃、倫理か何かの授業で一切皆苦の説明のひとつとして「愛別離苦」すなわち「愛しい者を失う苦」に触れたとき、こう思ったものでした。「いつか別れるときに苦しむとはいえ、一緒にいられる時間がすごく長いんだから一切皆苦とは思えないなあ」と。

けれども実は、「愛しい者が失われる」とは、相手が目の前にいてくれていても、相手のことを気に入らないと感じる都度に生じている現象なのではないでしょうか。前項で、筆者の恥をさらしつつ示したように、相手が自分の言《げん》を聞き入れてくれないときとか、愛着している相手が約束を破ったり、怒ってきたり、手抜きをしたりしていると感じるとか、不都合なことが生じる都度、いわば「愛しい相手」は死んで、「嫌な相手」として生まれ変わっているのです。おやまあ。

それで、「愛しい者が失われる」を「相手の存在が君の愛着に反する」として、いつも起きていることへと意訳したのでありました。

こういった微視的な、ミクロレベルで相手の生まれ変わりを見てみると、好きなはずの相手に対して、嫌な気持ちになり苦しむ時間が次々に押し寄せてきているのです。ゆえに釈迦《ブッダ》の言葉は次のように続きます。「愛着と憎しみという両極の感情を離れているなら、心は縛られず、苦しみは消える」と。

第五章 比べない

㊲ 健康に執着し、自分が老いて死ぬことを忘れている愚かさ

ガーン。ある朝のこと、道場の畳全体が、あちらこちらびっしり黒いカビだらけになっているではありませんか。ジメジメした天候にカビが出始めているのに気づき、電気製品を好まぬポリシーに反してまで除湿器を購入した矢先のことでしたのに、歯が立たず。

前日はカビを避けてフトンを寝室から坐禅室に移して眠ったのですけれども、ついに坐禅室もカビに浸食されるにいたり、いったん畳を一斉にあげてしばらく干すことにし、その夜は近くの民宿に泊まることにいたしました。よし、これで寝床は確保。んー？本当に「良《い》い」のか。

こうして、住居に関することでアタフタするとき、決まって頭をよぎるのは『法句経《ダンマパダ》』の言葉です。「愚か者は雨期にはどこに住もう、冬にはここに住んで夏にはあ

そこに、なんてあれこれ考えているうちに、あっという間に老いぼれて、いつの間にか死んでしまうという危険のことを忘れている」と（第二八六偈）。

そう、元来仏教では、蛇や蜂がいるところであろうと、木の下で寝泊まりして定住せず修行するのが理想であるとされており、釈迦《ブッダ》自身が精舎《しょうじゃ》を寄付されて定住するようになってからも、何も持たず住居に執着せず遊行する頭陀行《ずだぎょう》というものが推奨されてきました。いつの間にやらその生き方からはるか遠ざかってしまったものよ、と反省しようとしても、以前の道場で「カビなど平気」とタカをくっていたところ長期にわたって体調を崩したことを思い出し、恐れる自分がいるのです。

健康すなわち命への執着を手放すことで、本気の修行もできようというものなのですが、捨て身のパワーをどんどん失いつつある我が身の弱さ、立て直したいものですねえ。

⑧⑧ どんな環境でも、今ここを「心が静かになる場所」にする

「静粛に。」「沈黙☆」とは、筆者の道場入り口にイラスト入りで記してある短いメッセージです。坐禅瞑想の生徒さんたちに静けさを保つことを促しているのです。

瞑想においては、仮に周囲がざわついていてそれが気になっても、気になっている自分を見つめて、心のざわめきを手放してゆくことが求められます。けれども、よほど習熟して、どのような状況下であっても心乱されぬようになっているのでなければ、視覚的にも聴覚的にも触覚的にも精神的にも、静けさを保っていられる環境でおこなうほうが、より取り組みやすいものです。

そのようにして瞑想の初学者向けに、静かな環境を提供して差し上げるべく留意している……。と取れば聞こえはよさそうですけれども、ふと内省してみますと、実はたんに筆者が個人的に静寂を好んでいて、静けさに執着している心の成分も、いくらかは混

ざっているようです。「自らの道場がやかましくなるなんて嫌だッ」と。

こうして今、執筆をしている場所も、ほどよく静かに落ち着いたカフェを選んでいるような次第でありまして、ひたすら修行に精進していた頃は、「静かなお気に入りカフェ」などというこざかしいものなど必要ではなく、どんな場所でも環境でも「ここが、今、心が静かになる場所」であり、仕事がはかどっていたことが思い起こされます。

日常をしばし忘れてカフェで気分転換、というのは一見すると優雅そうです。が、思い出してみますとそもそも、忘れたい日常などないほどに日々が優雅に心静かなのであれば、気分転換も必要ないのですよね、と、気分転換をしながら記すのでありました。

89 親切の名を借りた自己満足はすぐわかる

お店でお茶をしておりましたら、博多弁とおぼしき言葉で話す、元気いっぱいの女性二人の会話がふっと、耳に飛び込んでまいりました。

「ここのケーキ、おしゃれなんやけど、全然お腹にこんねー」「そうそう、甘さが足りんし」。どうやらお一人は学校給食をつくる仕事をされているらしく、「あんたのつくるもんは味も最高やし量も多いし最高やけんね」と言われたのを、こう謙遜しておられました。「いやー、私は給食みたいなもんしかつくれんし、『彼メシ』(?)みたいなおしゃれなんはつくれんけんねー」と。

それに対する返しが、核心をついていました。「いやいや、男の人はそんなしゃれたもん求めてないいて。それは、女の自己満足やと思う」。

そのやりとりにニッコリと耳を傾けつつ、自己満足というキーワードは、少々痛く筆者の心を刺していたのでありました。

最近、昔からの知人を手助けしようとして心を砕いていたつもりだったのですけれども、最終的に「助けは必要ありません」と拒まれることになりました。その際の言葉に「あなたには『私を助けているあなた』のイメージはあるのでしょうけれども、『助かっている私』のイメージはないんじゃないだろうか」という問いかけが添えられていました。確かに、かつて迷惑をかけた罪滅ぼしにという側面があったのも否めず、半分くらいは自己満足だったのが、相手の鼻についたのでしょう。

ここで『経集《スッタニパータ》』を自由訳し、思い知ってみましょう。「『あなたのため』と恩に着せるくせに相手の望みをくみ取らない者は、恥知らずな偽善者だ」(第二五三偈)。そう、私の親切は偽善だから響かなかったのです。トホホー。

⑨⑩ 困っている人を助けたいという動機にひそむ名誉心の煩悩

まれに会ってお茶会をしたりしている知人と、しばらくぶりにお茶会をした折のこと。なんでもその方は、会社での人間関係がひどく行き詰まっているらしく、「この一週間くらい一度も笑ったことがありません……」とのことでした。

お茶菓子をいただきながら語らっているうちに、笑顔がこぼれて「あー、久しぶりに笑いました」とうれしそうにされるものですから、筆者もそれをうれしく思ったのです。が、後で気づいたことには、その方が「かわいそうな」状況に陥っているからこそ、「自分のおかげで笑顔にさせてあげられた」と、自分が活躍する余地のあることを喜ぶ、尊大な慢心が隠れていたのです。

この手の心理を哲学者スピノザは著書『エチカ』において、「自分が影響を与えて、相手に快が生じていることを知ると、私たちには快が生じ、この快の感情のことを名誉心と考える」といったニュアンスに分析しています。

けれども困ったことに、こうした名誉心（の煩悩）が生じるには、相手が困っているほうが感謝されやすいので、都合がよいのではないでしょうか。それゆえ、精神的にぐらついて自信の持てない人が、困っている人を探し出して世話したがったり、宗教家になりたがったり（うう、私も怪しいものですぞ……）、カウンセラーになりたがったりしがちなのです。

この救済者《メシア》コンプレックスは、結局は前項で記したような偽善と自己満足の袋小路に陥りがちですから、気をつけていたいものです。「相手のためにしてあげている」と良い子ぶった仮面を脱いで、「あー、偽善だったなあ」と、自らの弱さをかみしめ味わうことによって。

⑨① 自分が守る戒めを他人に押しつけないよう気をつける

熱心に仏道を実践しようとする瞑想の生徒さんから、ときどきこんな相談を受けることがあります。「不殺生の戒めを自分は守っているのですが、家族が蚊を殺したり殺虫剤を使ったりするのをいさめようとすると険悪になってしまいます」と。

それには、「あくまで戒めは自分自身を律するためのもので、『これこそが正しい』と他人にまで押しつけたくなるなら、それは単なる見解の煩悩になってしまうから気をつけて、他人のことは放っておきましょう」という回答をしております。……が、他人事《ひとごと》として言うは易し、いざ自分のこととなってみますと難しい。赤の他人に対して不殺生を強要する気持ちはありませんが、お寺に住む家族に対してはつい、「せめて不殺生くらいは皆で貫こう」と思ってしまいがちです。

蚊を殺す電気製品を寝室で見つけて、「これだと蚊を殺してしまうから、殺さないで追い払うものにしようね」と、今ひとつ効かない防虫用の線香に換えました。その夜、家族は蚊に刺されてかゆかったようで、翌朝「あまり眠れなかった……」と不満そうに訴えました。か、かわいそうに。

うーん、宗教というものの恐ろしい点は、我ながらこうしていつの間にか「正しいことを貫くのは良いことだッ」と思い込み他人を苦しめる原理主義者になってしまいやすいことです。

この点では、なまじっか釈迦《ブッダ》も「他人が生き物を殺すのを容認してはならない」(『経集《スッタニパータ》』第三九四偈)と説いているだけに正当化したくなるのですが、その言葉が「すべての生き物への暴力を控える」と続くことを思うと、宗教を押しつけられる相手(という生き物)への暴力にならぬよう、気をつけたいものです。

⑨②信条を貫くか、諦めるかのタイミングを見極める

生き物を殺さない不殺生戒を、うっかりすると筆者も家族に押しつけてしまい、アイタタタ、という話を前項で記しました。その話題から、ふっと想起されましたのは、しばらく前のたいそう悩ましかった出来事です。

筆者が住職を務める山口県のお寺の、本堂と庫裏《くり》をつなぐ廊下の床下で、大規模なシロアリ被害が発生したのです。当時、今よりもはるかに仏教原理主義的であった筆者は、こう考えました。「シロアリは別に人を困らせたくて木材を食べているわけでもなく、一生懸命に生きているだけだ。一方的に薬剤を用いて大量虐殺するなんて考えられない」と。

そこで、駆除会社の職員の方に来てもらい、「なんとかして殺さずに忌避させるような方法はないものか」と相談してみたのですが、一応いろいろと調べてくださったものの

の、あいにく「ここまで被害が広がれば殺すしかありません」とのことでした。

筆者としては、殺すよりは廊下を朽ちるに任せるほうがよいとも思ったのですが、そのような極端な発想は、「みんなのお寺なのに、お前の思想信条で朽ちさせてよいはずがない」と家族にいさめられました。相談を重ねた結果、筆者はこの件にタッチせず、他の家族と檀家《だんか》総代さんたちの合議で処理してはどうか、と提案があり、そのときはこの「見て見ぬフリする」選択しかないような気がして、そういたしました。

後から振り返ってみますと、結局は総代さんたちに殺す負担を丸投げしたり、駆除にいらした業者の方が私と目を合わせると申し訳なさそうにされていたり、自分の考え方がかわいいばかりに、半端なことになってしまいました。思想信条を諦めるのだとしたらどこで諦めるのかという臨界点を見極めることは、難しいものだと、痛い学びをしたものでした。

93 争いを招くのは宗教ではなく、独善的な信仰心

自分の実践する道に知らず知らず執着することの弊害について、前項で記しました。仏道とても、「これこそが真理だ。それをわからない人は間違っている」という発想で取り組むなら、狂信的な宗教実践の類いへと、案外簡単に堕してしまうのです。ひゃあ、怖い。

ここで「宗教」という言葉は、何らかの宗《むね》とする（＝自己の中心に据える）教えを持つことという程度に、素朴に解しておきましょう。そういうニュートラルな意味合いならば、何らかの教えを信頼するという宗教そのものは、何ら押しつけがましいものを持ってはおりません。

ところが問題は、自分の中心軸として何らかの実践法や教えを必要としている人は、もともとはひどく不安定だったり自信がなかったり、この世間になじめず鬱屈《うっくつ》としてい

たりする傾向が強い、ということです（最近、筆者自身にもそういう傾向があることを内省して認めるようになった次第です、トホホー）。

こうして、私たちどこか社会にうまく適応できない人々は、それを代替すべく、社会とは違う基準で自分を評価できる、心の訓練で成長できるゲームでステップアップすることにより、「自信」を取り戻そうとする側面もあることは否めません。

そういった裏の心理が隠れているだけに、「立派になった自分」という幻影を保つために、戒律を守るのに執着したり、我が宗教に反する考えの人を見下したりしてしまうことも生じがちなもの。

その解毒剤にこそ、『経集《スッタニパータ》』を引いてみましょう。「『私の考えこそ真理だ。他は間違っている』と独善的に主張するせいで、人はいつまでも争いの中に留まり続けることになる」と（第七九六偈）。

94 やる気を保つには「自分の意志でやる」という形式が重要

子どもの頃、「宿題しなさいよ」と言われ、「ちょうど今からやろうと思っていたんだよ！」と怒ったり、拗ねて「そんなふうに言われたせいでやる気がなくなった」なんて言い返したりした記憶は、筆者に限らず、誰もが思い出の古層にお持ちのことでしょう。

本当に「今からやる気」だったかどうかはともかく（いやはや）、この記憶の核にあるのは、「自分の意志としてそれを選び取る」という見かけが、やる気を保つためには重要で、「人から言われてやらされる」という形式を取っただけで、自尊心をひどく傷つけられるということでしょう。

話題は転じて、源頼家をご存じでしょうか。武士のカリスマであった源頼朝と、尼将軍と呼ばれた北条政子の子にして、鎌倉幕府の（超短命な）第二代将軍です。頼朝の死後、彼が将軍になったものの、母政子と重臣たちの合議で政治を運営するよう決められたことに腹を立て、「自分で」政治をしようとした結果、彼らと対立して葬り去られた悲運の青年。彼は単なるわがままな愚か者だったのでしょうか。

いいえ、彼にもきっと母や重臣たちの言が「正しい」ことくらいはわかっていたでしょう。けれども、そのように他者の言いなりにならねばならない状況に置かれたことで、「言われたせいでやる気がなくなった！」とばかりに、反発したくなったのかもしれません。

『大般涅槃経《マハーパリニッバーナスッタ》』に「自らと、心の法則のみをよりどころとするように」と説かれるところをずらして拡大するなら、他者にも、彼ら自身をよりどころにできるよう、相手の実権を奪わぬようにしたいものよ、と、歴史の悲劇から学べる気がいたします。

⑨⑤ 絶対に正しいと頼り切れる聖典など存在しない

宗教（たとえそれが仏道であれ）に執着する微妙な危うさについて記してまいりました。熱心なかたほど、経典に記されていることが一言一句すべて真理であるかのように受け取る傾向も見られるものです。けれども、究極的にはそれらは単なる文字にすぎません。

原始仏典をひもとくと、本書でたびたび引用している『経集《スッタニパータ》』はもっとも古い経典として釈迦《ブッダ》の肉声を伝えているとされるものですが、それですら鵜呑《うの》みにはできません。仏教学の泰斗《たいと》、中村元博士は、文献学的に『経集《スッタニパータ》』の四章と五章は古いもので、その他の章は後に付け足されたものだと主張していますが、確かに特に四章の飾らない、しかし深い内容に比べ、他の章には釈迦を偉大な聖者として祭り上げる言葉が多数混ざっているように思われます。

たとえば『経集《スッタニパータ》』中、護身の呪文として唱えられることの多い「宝経」では何度も僧団《サンガ》を誉めたたえ、いかに布施を受けるにふさわしいかが力説されています。そんな自画自賛的なことを釈迦《ブッダ》がわざわざ説法するとは考えにくく、後で教団が権威づけのためにつくったと疑いたくもなります。

他にも挙げてみると、経・律・論の三蔵に通じた博学の僧が、釈迦《ブッダ》から「空っぽの経典さん」とからかわれて、「自分は学ぶだけで修行していなかった」と思い知り、改心するという経があります。が、三蔵のうち、論蔵は釈迦《ブッダ》の死後につくられたものなのに、釈迦《ブッダ》在世時に論も学んだ僧が出てくるのは矛盾しています。

こうした例はほんの一部ですが、これら数多《あまた》の疑問点をも考慮すると、絶対に正しいと頼り切れる聖典などないのです。原始仏典とて文字で記された言葉にすぎず、少しさっ引いて読み込むくらいの距離感が、狂信的になるのを防いでくれることでしょう。

96 心の平穏を保つには、好きすぎるものを遠ざける

「きゃりーぱみゅぱみゅのことくらいしかないね。最近気になるのは」。ちょっと前はその歌手に興味がなさそうだった幼馴染《おさななじ》みが、そんなことを言うものですから、諸行無常に感じ入ったことでした。

これには因縁があり、以前に筆者がファッション誌でその奇妙な名の存在を知ったとき、直感的に「マズイな」と思ったのです。私の脳が彼女の顔を綺麗だとデータ合成しやがることといい、エキセントリックなポーズやファッションといい、作詞作曲を筆者が昔好きだった「CAPSULE」の中田ヤスタカさんが担当していることといい、接してしまうと好きになることが危惧されたのでした。

そのエキセントリックさへの願望は、私自身がまだ心のどこかに抱えていて、しかしその願望のせいで生きづらいからこそ修行しつつ封印してきたものだけに、危ういなあ、

と。

前出の幼馴染みと二人で、「どれくらい中毒性があるか試してみよう」とふざけて、彼女のプロモーションビデオを視聴してみたのが運の尽き。「キャンディーキャンディー……」というリフレインが頭にこびりついて、その後しばし坐禅中にも頭の中で再生されるハメに。うう、こ、困った。こうして「洗脳」されぬよう、「修行中は音楽を聴かない」という戒律の重要性を再認識したのでありましたとさ。

さて、その場では「たいしたことないやん」と言っていた幼馴染みも、その後にはなぜか冒頭のセリフを口にするほどファンになったとか。一方で筆者は、その後とんと彼女の姿にも楽曲にも触れないでいると、「洗脳状態」は治り、静けさが戻りました。心を保つには、好きすぎるものを遠ざける戒律を自らに課するのが有用たるところにて、ちょっと寂しくもありますねえ。

97 つい人の目を気にしてしまう虚栄心に流されない

先日、自炊のできる温泉旅館に泊まった折のこと。宿の女将さんが、料理を出してくださるというのですが、（その時点ではまだ菜食を続けていた私は）「自分は菜食《ベジタリアン》で、ややこしいでしょうから自炊します」と、せっかくのご好意を断ったのでした。

さて、菜食の中でもオボ・ベジタリアンという、卵は食する部類に入っていた私は、宿にうずらの卵を持ち込んで料理をしておりました。が、割ったうずらの卵の殻を、宿の生ゴミ入れの中へ捨てるのを、ちょっとためらう自分がいるのに気づきました。

「女将さんが片付けの際にゴミ箱の中に卵の殻を見つけたら『あのお坊さんは菜食のフリをして、実は嘘だったんだ』とか『私の料理を食べたくない口実だったんじゃ……』とか思われたら、どうしよう」と。いやはや、これは明らかに「考えすぎ！」ですよねえ。かくも自分がどう見られるかを考えて萎縮する、小心者が心の中にいるのです。

その根っこのところにあるのは、見栄《みえ》や虚栄心と呼べるような代物でありまして、私は調理場のゴミ箱の前で、自らの虚栄心と向き合うハメになったのでした。卵の殻を見えないように包んで隠して捨てたい、という気持ちに危うく流されそうになる自分。ただ、そうして人の目を気にしながら生きてきたことこそが自分を疲れさせているので、誰に何と思われようとも自分が自分のことは知っているのだから大丈夫——。

そう思い返すことで、堂々と（？）卵の殻を捨てたのです。という、小心者の小さな内面的格闘でありましたとさ。

ついては『法句経《ダンマパダ》』にいわく、「主観的によけいなことを考えすぎて、恥ずべきでないポイントに恥じ、恥ずべきポイントで恥じない者は、悪趣に墜《お》ちる」と（第三一六偈）。

⑱ 誤解されるのを恐れない。「違う」と言えばいいだけのこと

前項で、自らの小心者っぷりを題材にして記しました。うーん、どうせ短い人生です、その間せめて、ビクビクせずに何についても堂々としていたいものですねえ。

自分が誰にどう思われようとまったく気にかけず、天衣無縫とばかりに素直に生きていられればいいなというのが、筆者が仏道修行に身を投じた、初発の動機のひとつでもありました。

つまり、もとを正せば人目を気にしすぎて疲れがちだからこそ、そこから脱却すべく精進しているとも申せそうです。そしてしばしば、蹴っつまずく。

近頃の蹴っつまずきから滑稽なものを挙げてみましょう。母が家族会議のために、山口県からはるばる鎌倉の道場までやってきました。最寄り駅まで迎えにいったのですが、駅から道場まで歩く途中、なるべく一緒にいるところを誰にも見られたくないという思

いで、スタスタ歩いている自分がいたのです。

その心は、若く見えるらしい母について、前々から「奥さんですか」と聞かれることが多く、駅前のお店の顔馴染みの方々から、そのように勘違いされたら嫌だなあ、と。

そんな気持ちでつい気忙《きぜわ》しく落ち着かず歩いてしまい。あ……、あれー？　ちっとも堂々とできていないではないですか、いつの間にやら。

よくよく考えてみましたら、もし誤解を受けても、機会を見て「いいえ、違いますよ」と言えばよいだけのことですのに……。「このように見られたくない」と思って、コソコソ隠したくなるあまりに、道を踏み外してしまう。ああ、『経集《スッタニパータ》』にいわく、「私のことが知られないように、と隠し事のある者のことを、いやしい者と知るように」と（第一二七偈）。

⑲ 無理に周りに合わせるような、偽りの優しさは捨てる

「なるべく自然体でいられるようにと、どうしてもしたくないことは、『できない』と断るようにしたり、無理に周りに合わせることはやめるようにしたら、ずいぶん楽になりました」。このような文面のお便りを読者の方からいただいたのですが、それは概略次のように続きます。

「自分は楽になったのですが、家族からは『前よりも冷たくなったよね』と非難されます。私は、慈悲という観点からは間違っているのでしょうか？」と。

いやはや、筆者もまた「修行なんか始める前は、少しは優しいところもあったのに、最近は本当に優しくなくなった」と言われたことがあり（ガビーン）、いわば同じ悩みを持つ者でありますから、偉そうに回答できる立場になさそうです。

ただし、かつての己を振り返ってみて思えることは、友人たちに仲間外れにされるの

が怖くて必死で話題を合わせたり、家族から誉められることが心地よくて皆が喜ぶことを優先して自分の気持ちを抑圧してきたことは、優しさとか慈悲とか呼べるものではなかったのです。それは周囲の人々にとって都合がよいので「優しい」と受け取られるとしても、当人の心は、他人の目を気にしてビクビクし、苦しんでいるのですから。

そのビクビクは、評価を気にする煩悩だと気づけば、素に戻ることができる。その素が、お便りの方や私の場合のように、けっこう冷たくてドライなのでしたら、その、嫌な現実を出発点とせざるをえない。

そりゃあ、慈悲を修めるのも大切でしょうとも。けれどもそんなキレイゴトの前に、まずは自分を慈しんで苦しまない余裕がないと、人への優しさは偽物になりますから、ね。

⑩⓪ 成長のためには、己の「未完成」を自覚する謙虚さが必要

鎌倉末期から南北朝期にかけ、北条氏、足利氏、後醍醐天皇らから等しく、師として手厚く迎えられた、夢窓疎石《むそうそせき》という禅僧がいました。一見、権力に媚びているように思えるかもしれませんが、彼の人生はむしろ、隠棲《いんせい》して修行し続けようとする情熱により貫徹されています。

なにぶん、彼が後醍醐天皇による再三の依頼をついに断りきれず、自然深き地に隠棲、修行し続けてきたことに区切りをつけ、京都へ出て世に揉《も》まれ始めたとき、その齢《よわい》はすでに五十一歳。若い頃には、師から悟ったと認められても満足せず、納得のゆくまで突きつめようとしました。北条高時ら権力者から指導を求められてもそれらから遠ざかり、ひたむきに瞑想を深めるべく修道生活を送ってきていたのです。

かくして数十年にわたる、孤独な求道生活があったからこそ、権力の中枢にあって世

に揉まれるようになってからも、心乱さず脱俗の姿勢を崩すことのないまま、仏道の指導や作庭などに、自在に才覚を発揮できたのでしょう。

さて、ひるがえって。筆者は修行の道半ばにして、悟ったと錯覚したばかりに、あまりに早く隠棲生活に区切りをつけて、世に揉まれ始めてしまいました。揉まれ揉まれて、ヨレヨレになってようやく、「しまった」と再出発したく思う昨今、夢窓疎石の断固たる隠棲の足跡が、まばゆくも映ります。

「自分は戒律を守っていると思い上がる者は、戒律を守れない者を馬鹿にし、自分に智慧が生じたと思い上がる者は、智慧のない者を蔑《さげす》み、成長しなくなる」（『夢中問答集』＝自由訳）と説く彼は、己の成長にとって、「未完成」を自覚する謙虚さが最良の肥料たることを、知り抜いていたのでしょう。

101 人に誉められたいと願う気持ちは自慢と同じでいやらしい

知人が以前勤めていた会社の社長は、ことあるごとに「俺の会社、良い会社だろー？」と自慢して、社員の眉をひそめさせていたらしい。そんな社長がある日、自身で大口の契約を取ることができた秘訣を、来客者から尋ねられたそうです。

そのとき彼は、その知人にこう告げたとか。「俺が顧客のプライベートな悩みにまで親切に耳を傾けてあげて、いかに顧客に感動してもらえるほどすばらしい営業をしたのか、俺の代わりに話してあげて」と。

あっぱれと申したくなるほどの慢心で、ここまできますとちょっと憎めないですねえ。さて、この無邪気な社長の無意識的判断はもちろん、「自分で自慢話をするイヤラシサを消したように見せかけて、第三者から誉めてもらうほうが、説得力が増すであろう」というものです。それはまるで、『経集《スッタニパータ》』の一節をご存じのうえでその裏をかこうとしてでもいるかのごとく。すなわち「自分のしている善なる事柄について、尋ねられてもいないのにあれこれ言いたがる者は、汚れている」と（第七八二偈）。

「汚れている」と感じさせずに自慢したいとき、私たちは他人に誉めさせたがるのです。それは他人事ならず。筆者が料理の手伝いをしたとき、自分が手伝った料理がおいしいと話題になったのですが、「その皿はこの人につくってもらったのよ」と言ってもらえないことに、みみっちい不満を感じる己を発見しました。

かといって、「手伝ったんですよ」と汚れた自慢話をする気にまではなれず、かの社長と同じく、「私の手柄を言ってくれたらいいのにな……」なあんて。汚れた心になっていたのです、あっはっは。

「自分の手柄を誉められたい」なんて考えは手放して、「言わぬ、秘するが花よ」と満足したいものですねえ。そう心を入れ換えると、穏やかさが戻ったことでありました。

⑩② 善行は人知れずおこなうほうが、心にいい

自分の手柄は誇らずに秘するが花よ、と前項で記しました。そうしてからはたと我が身を省みますと、しばしば誇りたくなる傲慢さに心が侵食されていると、気づかされます。

たとえば、お寺の台所のシンクの排水口に生ゴミがたまり、ヘドロがついているのを発見したとき、それを綺麗に拭い、台所全体を掃除した際のこと。本当は単に自分が、汚れが嫌でやっただけなのに、心の中には、「感謝されたい」という欲望が隠れているようでありました。

ところが、誰もそのことに気づかないままに、再び一カ月後にはヘドロがたまっていて、トホホホー。そこで、ああ、これから自分が誰にも気づかれず、ずーっと排水口のヘドロを取り続けなけりゃいけないのか、と嫌な気分になったものでした。

仏教的に考えてみると、「手柄をわかってほしい、ありがとうと言われたい」という欲と、汚れに対する反省を促したいという生意気さと、「何で自分がずっと」という不満と、負のエネルギー（悪業）をたっぷり心に貯金したことになります。

できるなら、こうして負のエネルギーを貯金して気分を濁らせることは、したくないものですよねえ。そのためには、「人のためにやってあげている」という、偉そうな錯覚を手放すのが秘訣です。そう、「単に自分がやりたいからしているだけで、感謝はいらない」と、あえて利己的に考えることで、見せびらかしたくなる気持ちを手放せるときもある。

「手柄をわかってほしい！」を手放して、人知れずおこなえるなら。見せびらかしの心を乗り越えたという自己克服の喜びと、心に善い業のエネルギーを貯金したという喜びと、一石二鳥。

⑩③ 不便なことを受け入れるほうがリラックスできる

ある日、午後九時半頃になって翌日に乗る飛行機の予約をしようとしてA航空会社の受付センターに電話をしてみると、すでに受付時間は終了している、とのこと。ただし、音声ガイダンスにより発着便の空席状況は確認できる、とのアナウンスが流れていました。

それを聞き、「なるほど、空席確認をした流れで予約もできるだろう」と思ったものです。というのは以前、別のB航空会社では受付終了後に、音声ガイダンスに従って電話で番号を押せば予約ができたから。

ところが、苦労してようやく「○×空港から△□空港まで○時△分発の便」を選択したところ、「その便には十分空席がございます」とアナウンスが流れるのみで、予約はできないことがわかりました。

「くー、予約できそうな思わせぶりをして、『十分空席がございます』ってことだけわかって予約はできないなんて、殺生な。こちとら眠る前の貴重な時間を十五分も潰してしまったぜ。B社を見習ってほしいぃ」。そんなふうに、頭の中でケチをつけてしまっている最中に、ふっと思い当たりました。いったん便利なサービスを受け、それに慣れてしまったせいで、夜間に電話予約できない、というごく普通のことを諦め、ら、れ、な、く、なっているのだ、と。

せっかく、便利すぎる世の中から身を退けようとしてインターネットや携帯電話を持たない生活を選んでいるはずが、たかが予約のことで「何て不便で気が利かないんだッ」とケチをつけるのですから、可笑《おか》しなものだと苦笑しました。

何事であれ、「無理なら仕方ない」と諦めれば肩の力が抜けてリラックスするもの。各種の便利すぎる道具やサービスに慣れて王様気分でいる私たち現代人は、諦めてリラックスする好機を奪われているのです、トホホー。

⑩④「弱い自分」「できない自分」を認めるほうがうまくいく

最近、ありのままの自分に気づきを向けるというテーマの本を出版いたしました。その内容の核は「背伸びして自分を飾ろうとするのは不毛な疲れを生むのみ。ありのままの、弱くて情けない自分に気づき、それを認めてあげることでホッと一息つこう」といった風情のものです。

その本の締め切りが迫り時間に追われるなかで気づいたことは、皮肉にもまさに自分が背伸びをして自分の実力以上の仕事量を引き受けてしまっているせいで、いっぱいいっぱいになりかけている、ということでした。仕事を多数引き受けて次々とこなしているほうが、「自分はけっこうできる人間なのだッ」という自我イメージを持つことができますから、それを脳は快感に感じるもの。問題は、その快感に騙されて、ありのままの自分の弱さが見えなくなることです。

筆者の場合、瞑想修行による精神統一が絶好調だった頃は疲れを知らず、明晰《めいせき》な意識状態で働き続けておりました。その絶好調さはやがて失われていったにもかかわらず、「あのときやれたんだから今もできるはず」という、過去の栄光にすがるような気持ちで、仕事を多量に引き受けすぎたのでしょう。

「今の自分は、前ほどはできない」と弱さを認めるのを、背伸びをしたがる慢心が許してくれなかったのです。けれども、オーバーワークで仕事の質も落ちるのを感じもし、思い切って各関係者に、「自分の衰えから」という説明をして、仕事量を減らしましたら、「立派な自分でなきゃいけない」という重荷が肩から落ちて、スッキリしました。

……それでもなお、追い詰められていたのでありますからには、まだ残っている背伸びもやめてスッキリしたいですねえ。

⑩⑤ 他人と比べない、過去の自分とも比べない

「『自分はより優れている』と比べないように。『自分はより劣っている』とか『自分は同じくらいだ』とも比べないようにするといい」（『経集《スッタニパータ》』第九一八偈）。

これは、釈迦《ブッダ》が優越感をも劣等感をも、そして同等感すらも捨て去ることの安らぎを説いている言葉です。ええ、他人と比べて「自分のほうができる」「自分のほうが若々しい」と比べれば尊大になり、反対に「自分のほうができない」「自分のほうが老けている」などと比べると不快になり、どちらにせよ心安らかではありませんよね。

ただ、問題は、人間の脳は癖として、「自分はどれくらいのランクなのだろう?」ということを確定したがる習性を持っていて、そのために常時、自分と誰かを比較して、「自分が上だ」「下だ」「同じくらいだ」という情報処理をし続けているのです。この比較する人間の癖に対して、仏教がつけた名が「慢心」でありまして、「上だ」「下だ」

「上だ」「下だ」と乱高下するせいで、心は独り相撲をして疲れてしまうのです。

そして比べる相手には、過去の自分もいます。前項では、筆者が修行の万全だった頃の栄光にすがって、現在の衰えた自分を認められなかったという、恥をさらしましたね。それゆえ、背伸びをしてしまう、と。

今の日本を思えば誰もが長生きするなかで、老いるにつれて「前はあんなに前向きになれたのに」「前はあんなに肌が綺麗だったのに」「前は元気だったのに」……と、過去の自分と比べて劣等感を持つ機会が、誰でも増えるに違いありません。そんな嫌な老いかたをせぬよう、過去と比べる癖、今のうちに捨てておきましょう。

⑯ 会いたいのは「友人」か、「自分に会いたがってくれる友人」か

十数年は会っていない中学生時代の友人に、ふっと会いたくなって連絡を取ってみました。

「どうした、何の用なん？」「いや、久しぶりに会いたいと思って……」「うーん、会ってもええけど会って何するん？」

いやはや、彼のほうも懐かしがってくれるものと勝手に期待していたせいで、彼の消極的な雰囲気に接してガッカリしつつも、答えました。

「会って一緒にご飯でも食べながら、積もる話でもできればいいかなぁ、ってね」「そればええけど、今すぐ決められんから、日にちはまたこんど連絡するけぇ」

このやりとりを終えた後、筆者の心のなかには、「あれ……？　会いたかったはずの気持ちが、消え失せかけているなぁ」という、不思議な変化が見てとれました。その

「あれ……？」から自分の心を見つめてみますと、旧友の声のなかに再会の喜びが感じられず消極的であることや、こちら側から追いすがるような立場になっていることに、屈辱感を覚えているのだなあ、ということが見えてきます。

ああ、旧友そのものに会いたいというより、「自分のことを懐かしがり会いたがってくれるはずの旧友」に会いたい欲だったのだなあ、と気づくことになった次第です。それゆえ、相手が積極的でなければやめたくなる。あたかも、いわば「鳴かぬなら　逃がしてしまえ　ホトトギス」とばかりにね。

「本当は、もっと会いたがってもらえるはずの自分なのに！」と、気位の高さがあるせいで、ガッカリするのです。プライドを捨てて、徳川家康に倣い、「鳴くまで待とうホトトギス」でいきたいものですねぇ。

実際、彼と後日会ってみましたら、残業に残業を重ねてクタクタになっており、疲れ切っているのが見るからにわかり、消極的だった理由が腑に落ちました。そしてさすが、長年の旧友だけにすぐに打ちとけ、心地よい談笑を楽しめたのでした。

変なプライドは、私たちを早とちりさせますから危ないものです、ね。

⑰ 他人からの厳しい指摘に感謝できることこそ真の「反省」

年の瀬に、年納めの食事会をいたしました。アルバイトにいらして下さっているかたから、「今年はどんな年でした?」と聞かれて答えているうちに、反省の辞を述べるにいたりました。「いやー、私は無神経なところがあるのを認めざるを得ないと思った一年でしたねえ……。ふざけるべきでないタイミングでふざけたり、感謝を求めている人に御礼のひと言もない気遣いのなさがあったりして、周りの人をいつのまにか怒らせているところがあるみたいですよ」

アルバイトのかたは、それを聞いて「そうそう」と嬉しそうにうなずき、言われました。「住職は『なんでこんなに気を利かせてくれないんだろう?』っていうところがあると思いきや、『こんな細かいところにまで気遣いしてくれなくてもいいのに……』って思えるほどこまやかに配慮してくれるところもあって、ムラがあるから人によってはムカつくでしょうね」

ううう……。人によっては、とおっしゃりつつ、ご自身も時としてムカついてらっしゃるに違いない、とちょっぴりビクついた次第でした、あっはっは。

それにしても、ついさきほどまでは「反省」していたつもりが、同じ内容をあらためて人様から指摘されてダメ押しを受けると、「自分は、そこまで嫌な人じゃないはずですぞ」と心外に思ったりもするので身勝手なものです、ね。

そのように、自我を守ろうとして「反省」を投げ出そうとする、我が心のいい加減っぷりをほほえましく見つめつつ、ご指摘は当たっていることよなあ、と思い直した次第でした。いやはや、この金言を肝に銘じておきたいものです。「自分に都合のよいことを言ってくれる愚者よりも、痛い欠点を指摘してくれる賢者のほうがよい」と。

(『自説経《ウダーナ》』第二五章)。

⑩⑧ 人に範を示す立場の者こそ「弱い自分」を認めることが大事

自分の弱い部分や、できないところを認めてあげるというお話を続けてまいりました。

ひるがえってふと思い当たるのは、筆者が自分の衰えを認められずに背伸びをしていた原因のひとつに、「教える立場」に立っていることがありそうだということです。

「私は説法をしたり瞑想指導したりする身なのだから、こんなことで疲れていちゃいけない。こんなことで悩んでちゃダメだ」。そんな風情に、「立派な自分」を見せていなくては、と、いつの間にやら力んでいたのでしょう。筆者の場合、心身がもっともシャキッとしていた時期に、心を律するすべを熱心に説いてきたものです。それだけに、「自分の心を十分律しきれない自分の現状」を人目にさらすことを、無意識に恐れていた。

それゆえ、あたかも疲れても悩んでもいないかのように背伸びしてしまう……、うーん。それこそまさに、自らを苦しめますのにねえ。

いえ、誰しも他人事ならず。「上司として○○でなきゃ」「先生として」「親として」「年長者として」などなど。人に範を示す立場の者は、多かれ少なかれ現実の自分の力量を超えた立派さを見せようと、虚勢を張ってしまうもの。すると、自分の弱さや苦しみに気づかなくなる。

自分が苦しんでいることを素直に認めてあげれば、苦しみのデータが脳にしっかり送られて、苦しみを解消するための指令が出されることになりますのに、自ら進んで「苦」のデータを消してしまう、あれまあ。

仏教で苦聖諦《くしょうたい》、つまり「苦しみが聖なる真理」とされるゆえんは、己の苦しみに気づくことでこそ、苦しみは癒え、心安らぐからなのです。

あとがき

新聞紙上で、二年半にわたり毎週連載してきた「心を保つお稽古」より、一〇八本を選んで一冊に編みましたのが、この『しない生活』です。

毎週毎週、そのときの自分にとって一番気になる身辺の事象や我が心模様を切り取って、記事を書き続けたものなのですけれども、今になって思い返しますと、この連載をした時期の中盤から後半の途中くらいまでの間は、私自身が苦境に立たされていた頃でありました。

その時期の文章には、ちょっとした諧謔《かいぎゃく》は込めつつも筆者自身の苦渋がいくらか滲《にじ》み出ているようで、そのぶん身に迫る叙述になっているのではないかと思われます。お好みによっては、後半から読み始めてみるのも、よいかもしれません。

そこではいわば、私自身の現在進行形の弱さや逡巡といった生《なま》の素材を煩悩分析の俎《まな》板《いた》にのせて調理したことで、読者諸氏もご自身の身に引きつけて、現実味《リアリティ》を持って体感的な自己内省をしていただけるのではないか、と期待する次第です。

そういう意味で、私としては本書タイトルを『弱さのお稽古』とか『弱さを内省するお稽古』としたかったのですが、あらら、編集部から「わかりにくいです」と言われ、ボツになったのでした。ガーン。


さて、そうした苦境に立たされていた数カ月の霧を抜けて、平穏無事にふわふわとしたところへ着地した感のある現在（もちろんそれも無常ですが）。本書をあらためて読み通してみれば、蹴っつまずきそうになるたびに自己内省し、自分の見たくないところに気づきの光を当ててきた連載期間の軌跡について、どの一コマをとっても、無駄なものなど、ひとつもないことに思い当たります。

そう。あらゆる失敗と苦境は、立ち止まって丁寧に見つめ、内省の光を当ててやるなら、ことごとくかけがえのない財産になるのです。

私たちは、困ったときほど立ち止まらずに、どんどん次の手を打とうとしがちで、つまり「する生活」にはまり、さらにせきたてられて混乱するもの。けれども、困ったときこそ静かに立ち止まり、何かをつけ足そうともがいたり引き算しようとあがいたりせずに、ただただ内省することこそが、そこから最良の学びを引き出してくれるものです。すなわち、次の手を打たない、「しない」でただ、内面を見るだけに踏み留まること。この、自己内省のお稽古こそが、「しない生活」なのだとも申せましょうか。静かにそっと立ち止まる。

朝日新聞での連載においては、二年半の間に、平出義明さん、星野学さん、浜田奈美さんのお三方に順々に、担当記者としてお世話になりましたこと、御礼申し上げます。とりわけ星野学さんには、停滞していた執筆スタイルの殻を破るうえで貴重なご助力をいただけ、すこぶる感謝しているのです。

そして、幻冬舎の小木田順子さんと本づくりをするのは今回で三回目となりますが、相変わらずの（少なくとも表面上は）スーパークールなお仕事ぶりに感嘆しつつ、「完成しましたねぇ」とにっこりの謝辞を申し上げて、「あとがき」を閉じましょう。

二〇一四年二月二八日

世にもまた心にももう春や来にける、な陽気の午前に著者記す

初出　朝日新聞　二〇一一年十月六日〜一四年一月九日連載

著者略歴

小池龍之介《こいけりゅうのすけ》

一九七八年生まれ。山口県出身。東京大学教養学部卒業。月読寺(神奈川県鎌倉市)住職、正現寺(山口県山口市)住職、ウェブサイト「家出空間」主宰。僧名は龍照。

住職としての仕事と自身の修行のかたわら、一般向け坐禅指導も行っている。

著書に『沈黙入門』『もう、怒らない』(ともに幻冬舎文庫)、『考えない練習』『苦しまない練習』(ともに小学館文庫)、『超訳 ブッダの言葉』(ディスカヴァー・トゥエンティワン)、『平常心のレッスン』(朝日新書)、『〝ありのまま〟の自分に気づく』(角川SSC新書)などがある。

家出空間 http://iede.cc/

幻冬舎新書 339

しない生活
煩悩を静める108のお稽古

二〇一四年三月三十日 第一刷発行
二〇一四年五月二十日 第七刷発行

著者 小池龍之介

発行人 見城 徹
編集人 志儀保博
発行所 株式会社 幻冬舎
〒一五一-〇〇五一 東京都渋谷区千駄ヶ谷四-九-七
電話 〇三-五四一一-六二一一(編集)
〇三-五四一一-六二二二(営業)
振替 〇〇一二〇-八-七六七六四三
ブックデザイン 鈴木成一デザイン室
印刷・製本所 中央精版印刷株式会社

検印廃止

Printed in Japan ISBN978-4-344-98340-3 C0295
こ-20-1

幻冬舎ホームページアドレス http://www.gentosha.co.jp/
*この本に関するご意見・ご感想をメールでお寄せいただく場合は、comment@gentosha.co.jp まで。

幻冬舎新書

藤田一照　山下良道
アップデートする仏教

欧米の仏教が急激に進歩しているのに、なぜ日本の仏教だけが旧態依然としているのか。三十年にわたり世界で仏教の修行を実践し深めてきた二人のカリスマ僧侶が、日本の仏教を1・0から3・0に更新する！

島田裕巳
浄土真宗はなぜ日本でいちばん多いのか
仏教宗派の謎

多くの人は、親の葬儀を営む段になって初めて自らの宗派を気にするようになる。だが、そもそも宗派とは何か。歴史上どのように生まれたのか。日本の主な宗派をわかりやすく解説した。

森政弘
親子のための仏教入門
我慢が楽しくなる技術

子供に我慢させるのは何より難しい。大人でも難しい「我慢」だが、仏教が説く「無我」を知れば、生きる楽しさがわかる。ロボット工学者が、宗教家と違う視点で解説した本当に役立つ仏教入門。

横山紘一
十牛図入門
「新しい自分」への道

牧人が牛を追う旅を、10枚の絵で描いた十牛図は、悟りを得るための禅の入門図として、古くから親しまれてきた。あなたの人生観が深まり、生きることがラクになる10枚の絵の解釈とは？

幻冬舎新書

横山紘一

阿《あ》頼《ら》耶《や》識《しき》の発見

よくわかる唯識《ゆいしき》入門

唯識とは、『西遊記』で有名な玄奘三蔵が伝えた仏教思想の根本で、「人生のすべては、心の中の出来事にすぎない」と説く。心の最深部にあるのが〈阿頼耶識〉。それは「心とは何か」を解明する鍵だ。

丘山万里子

ブッダはなぜ女嫌いになったのか

ブッダの悟りは息子を「邪魔者」と名付け、妻子を捨て去ることから始まった。徹底した女性への警戒心、嫌悪感はどこからきたのか。実母、義母、妻との関わりから見えてくる、知られざる姿。

島田裕巳

なぜ八幡神社が日本でいちばん多いのか

【最強11神社】八幡／天神／稲荷／伊勢／出雲／春日／熊野／祇園／諏訪／白山／住吉の信仰系統

日本の神社の数は約8万社。初詣など生活に密着しているが、そこで祀られる多様な神々について我々は意外なほど知らない。八幡、天神、伊勢など11系統を選び出し、祭神を解説した画期的な書。

諸富祥彦

悩みぬく意味

生きることは悩むことだ。悩みから逃げず、きちんと悩める人にだけ濃密な人生はやってくる。苦悩する人々に寄り添い続ける心理カウンセラーが、味わい深く生きるための正しい悩み方を伝授する。

幻冬舎新書

緒方俊雄
すぐ会社を休む部下に困っている人が読む本
それが新型うつ病です

仕事以外の場では元気、薬が効きにくいなど、従来のうつ病とは異なる「新型うつ病」。ワガママだと本人を責めても事態は改善しない。カウンセラーが、接し方や回復への道筋を、具体的にアドバイス。

長谷川嘉哉
公務員はなぜ認知症になりやすいのか
ボケやすい脳、ボケにくい脳

急増する認知症の約7割を占めるアルツハイマー型では、感情を司る「扁桃核」の衰えが、発症に大きく関わることが分かってきた。「扁桃核によい生活」を送れるか？　専門医が語る認知症予防の極意。

岡田尊司
ストレスと適応障害
つらい時期を乗り越える技術

「適応障害」は環境の変化になじめなかったり、対人関係がうまくいかずに生じる心のトラブル。どうすれば改善するのか？　すぐに実践できる方法を、百戦錬磨の専門医がわかりやすく紹介。

相原孝夫
仕事ができる人はなぜモチベーションにこだわらないのか

モチベーションは、ささいなことで上下する個人の気分。成果を出し続ける人は、自分の気分などには関心がない。高いモチベーションなど幻だ。気持ちに左右されない安定感ある働き方を提言する。

幻冬舎新書

オタクの息子に悩んでます
朝日新聞「悩みのるつぼ」より
岡田斗司夫 FREEex

朝日新聞beの人気連載「悩みのるつぼ」で読者や相談者本人から絶大な信頼を得る著者が、人生相談の「回答」に辿り着くまでの思考経路を公開。問題解決のための思考力が身につく画期的な書。

パニック障害と過呼吸
磯部潮

突然息が苦しくなる「過呼吸」。発作が続いて日常生活に支障が生じる「パニック障害」。発作はなぜ起きるのか。どう対処したらいいのか。薬に頼らず心の健康をとりもどす方法を専門医がアドバイス。

人生を半分あきらめて生きる
諸富祥彦

「人並みになれない自分」に焦り苦しむのはもうやめよう。現実に抗《あらが》わず、今できることに集中する。前に向かうエネルギーはそこから湧いてくる。心理カウンセラーによる逆説的人生論。

コミュニケーションは、要らない
押井守

SNSというツールが、我々から真のコミュニケーションと論理的思考を奪おうとしている。我々はなぜ人と繋がろうとするのか。世界が認める巨匠が初めて語る、目から鱗の日本人論。